Thierry PASTOR

Les limites de la diplomatie

Le choc des dialogues Est-Ouest

Collection Argos

Thierry Pastor : diplômé en droit et en sciences politiques, il exerce depuis une quinzaine d'années en qualité de conseiller politique. Initialement formé aux métiers du politique, il s'est spécialisé autour des thématiques de la géopolitique de l'énergie et de la sécurité globale. Il a travaillé dans plusieurs régions du monde, essentiellement en Europe de l'Est et en Asie. Il est le co-auteur de plusieurs livres consacrés à la géopolitique de l'énergie, ouvrages rédigés avec le concours d'enseignants universitaires, de juristes ou encore de spécialistes en intelligence économique. Il travaille en collaboration avec plusieurs personnes aux compétences variées : systèmes d'information, technologie blockchain en incluant les cryptomonnaies, les NFT ou encore les métavers. Grâce à ces expertises extérieures, ces livres ont vu le jour.

Du même auteur

Dans l'ombre des titans, 2022
Le pouvoir obscur : les nouvelles armes, 2022
Dernière chance, 2022

TABLE DES MATIERES

Avant-propos

L'union fait la force. C'est à partir de ce postulat que nous avons décidé d'agréger nos compétences et de construire nos analyses. Avec des formations professionnelles et des expériences de vie différentes, nous sommes arrivés à la conclusion qu'il nous fallait travailler ensemble car bien qu'en apparence nous ne venions pas de mondes semblables, nous avons constaté de nombreux liens. Rien n'est le fruit du hasard. D'un côté, les scientifiques : ingénieurs , programmeurs, précurseurs de la blockchain et fins connaisseurs des cryptomonnaies. De l'autre, le conseiller politique, spécialiste d'analyse politique, de géopolitique de l'énergie et des enjeux de sécurité globale. Deux mondes apparemment différents. Et pourtant, une évidence s'imposait : nos compétences respectives étaient définitivement complémentaires.

Nous avons remarqué que ce qui nous paraît évident ou simple à comprendre ne l'est pas pour le plus grand nombre. Rares sont ceux capables de coder, crypter et développer des programmes informatiques. Rares sont également ceux capables de déchiffrer les interconnexions, les tenants et les aboutissants qui permettent de comprendre des événements pour lesquels le plus grand nombre n'aura finalement qu'une compréhension limitée. N'y voyez aucune prétention mal placée ! En vérité, nous avons tous accès à beaucoup de choses mais nous donne-t-on les moyens de les comprendre ? Nous partons du postulat que la réponse est négative.

Grâce à internet, chacun a accès à un flux considérable d'informations. Encore faut-il pouvoir les sélectionner, les trier et discerner celles qui procurent au lecteur une vraie compréhension des choses. Il n'y a qu'à voir toutes les incertitudes qui pèsent autour de la crise sanitaire de la Covid-19, les informations en masse qui se contredisent et pour lesquelles de nombreuses zones d'ombre subsistent. Notre travail consiste à essayer de comprendre ce qu'il se passe autour de nous : décrypter, comprendre et expliquer. Notre objectif, en toute humilité, est d'essayer d'apporter un éclairage sur des thématiques politiques, économiques, historiques, technologiques ou autres qui vous permettront d'avoir une autre vision du monde qui vous entoure.

Parmi les thèmes que nous aborderons, vous retrouverez la blockchain, les cryptomonnaies, les enjeux énergétiques, l'évolution des relations internationales et les jeux de pouvoir, l'apparition de la finance verte ou encore les critères ESG. La liste des thèmes abordés n'est pas exhaustive. Cependant, TOUT est lié ! Nous essayons de mettre en lumière les passerelles qui lient ces éléments qui pourtant semblent indépendants les uns des autres. Il ne faut jamais se fier aux apparences, qui plus est dans un monde aussi globalisé et encore plus connecté au gré des progrès technologiques.

Notre méthodologie est la suivante : toutes nos publications sont datées. Des éléments factuels ou ponctuels peuvent paraître obsolètes. Certes… mais ils ont mérite de contextualiser la réflexion que nous développons. L'objectif est surtout d'identifier des tendances, celles qui ont des chances de s'inscrire dans le temps. Le monde de l'analyse n'est définitivement pas une science exacte, à plus forte raison lorsqu'il s'exprime sur des disciplines aussi variables et fluctuantes que la politique ou les relations internationales. Nous pouvons donc nous tromper. En revanche, nous nous efforçons d'argumenter nos propos. Nous pouvons toutefois vous affirmer ceci : le monde est en perpétuelle évolution… et tout se réalise à une vitesse vertigineuse. La vérité du jour n'est plus forcément celle du lendemain. Il faut donc vivre avec son temps et comprendre les causes de ces évolutions. C'est à partir de cette compréhension que vous cernerez mieux l'actualité et ce qui vous entoure.

Nos livres compilent des réflexions portant sur différentes thématiques dont certaines reviennent avec insistance. Dans pareil cas, cela signifie que nous leur accordons une importance de premier plan. Elles constituent à nos yeux un facteur majeur de l'évolution des relations internationales, des technologies et plus généralement des grandes tendances qui sont en train de se mettre en place. C'est par ailleurs ce dernier point qui retient le plus notre attention : nous constatons que des choses voient le jour tandis que nous n'en comprenons pas bien les mécanismes. Pourtant, tout est fait pour qu'un nouveau vocabulaire soit diffusé sans que pour autant il soit explicitement défini ou qu'on en comprenne véritablement les enjeux inhérents. C'est ce que nous essayons de faire. Blockchain, cryptomonnaies, smart cities et autres concepts à la mode demeurent relativement nébuleux. Ils s'emboitent pourtant parfaitement dans une évolution politique, diplomatique, économique et plus globalement sociétale que nous vivons à très grande vitesse. Le puzzle est grand. Il appartient à chacun de regrouper les pièces qui le composent et de les assembler.

Thierry

Puissance, communication et incompréhension
Avril 2022

Qu'y a-t-il de pire que de communiquer et de ne pas se faire comprendre ? Une première réponse pourrait être d'affirmer que l'attitude délibérée est sans doute pire que la maladresse. A la lecture des médias, il n'est pas toujours aisé de comprendre ce qui provient d'une communication mal maîtrisée ou bien au contraire d'une volonté délibérée de communiquer de la sorte. Dans cette réflexion globale, nous reviendrons longuement sur la crise ukrainienne. Elle est un exemple actuel et révélateur des maux que nous allons exposer. Le ressenti global qui se dégage porte sur cette impression de dialogue de sourds qui met aux prises Moscou et le monde occidental. Par monde occidental, nous signifions l'OTAN, les Etats-Unis, l'Union européenne (UE) et plus globalement tous les alliés politiques, économiques et militaires de ce qui constitua le bloc occidental pendant la guerre froide. Nous reprenons cette terminologie car la crise ukrainienne rappelle à bien des égards cette période sombre de l'Histoire qui agita le monde pendant quatre décennies au sortir de la Seconde Guerre mondiale. Il n'est pas aisé de circonscrire par une appellation les pays qui apportent leur soutien à l'Ukraine dans son opposition armée à la Russie. En effet, si l'OTAN est généralement mentionnée par les médias, tous les Etats membres de l'UE ne font pas partie de l'alliance atlantique et inversement. En revanche, tous condamnent l'intervention militaire russe survenue en Ukraine dans la nuit du 23 au 24 février 2022. Bien que les médias communiquent abondamment sur le sujet, le traitement de l'information est intéressant à analyser car il se trouve qu'elle est incomplète. L'information est vraie mais malheureusement incomplète.

L'Occident craint les menaces proférées par Moscou, notamment celles portant sur l'emploi de l'arme nucléaire. Le Kremlin a effectivement brandi cette menace qui n'avait plus été d'actualité depuis la guerre froide. Les temps sont compliqués. Tout le monde craint les décisions du maître absolu de la Russie, Vladimir Poutine. Il donne l'impression d'être prêt à donner l'ordre de commettre l'irréparable. Le monde tremble. Il tremble d'autant plus que les plans imaginés par le chef de l'Etat russe ne se déroulent pas conformément à ce qui avait été planifié. Il avait l'intention de s'engager en Ukraine et de faire parler sa puissance, de défier le monde occidental pour signifier que son pays fait partie des grandes puissances politiques et militaires de la planète. Il a provoqué tandis qu'il a toujours affirmé être ouvert au dialogue. Le problème est que les relations diplomatiques entre son pays et le monde occidental sont complexes. On en oublierait presque certains épisodes passés qui ont contribué à alimenter cette méfiance réciproque souvent teintée d'animosité.

A l'Ouest, ses détracteurs disent de Vladimir Poutine qu'il ment, qu'on ne peut pas se fier à lui. A Moscou, le discours est différent : on attend que la Russie soit traitée d'égal à égal, qu'on ne lui donne pas l'impression qu'une relation de type dominant-dominé soit ressentie par Vladimir Poutine. Depuis qu'il règne sur le plus pays le plus spacieux du monde, il entretient des relations tendues avec l'Occident. Il n'aurait pas supporté la chute de l'URSS. Il aime son pays et escompte lui redonner son lustre d'antan. Pourtant, lui qui fut formé par l'école soviétique ne compte pas restaurer la grandeur de l'URSS mais celle de l'empire des tsars. Bien des analystes et observateurs essayent de comprendre sa personnalité. Certains craignent que la crise ukrainienne soit la matérialisation d'une santé préoccupante qui lui prêterait des envies irrationnelles et incompatibles avec l'exercice du pouvoir. En clair, certains le disent fou, incontrôlable et dangereux pour la sécurité mondiale. Il ne nous appartient pas d'en juger ; nous nous contenterons d'analyser les faits, de comprendre ce que cette guerre en Europe de l'Est revêt comme problématiques. Elles sont nombreuses.

En Occident, l'action militaire menée par la Russie en Ukraine est unanimement condamnée. De vieux parfums de guerre froide resurgissent. Vladimir Poutine favorise ce climat anxiogène. Il l'a provoqué. C'est le méchant. En plus, il est de mauvaise foi et se ferait volontiers passer pour la victime ! En Russie, la vision de la crise ukrainienne est présentée différemment. Dans le camp occidental, d'aucuns affirmeront que les médias russes communiquent une voix officielle, celle dictée par le Kremlin. Pourtant depuis qu'il dirige la Russie, Vladimir Poutine a presque toujours été dans une logique de confrontation avec le monde occidental. Il a incessamment eu l'intention d'asseoir la Russie à la table des grandes nations de la politique mondiale. Il existe sans doute de bonnes raisons de le considérer comme étant animé de mauvaise foi voire davantage. Cependant, au-delà de cette appréciation, il conviendra de considérer les difficiles relations diplomatiques entretenues par la Russie et le monde occidental avec une approche qui dépasse la simple relation établie entre les hommes d'Etat. Bien que la politique et la diplomatie soient le fait des hommes, les relations internationales ne reposent pas uniquement sur les ressentis ou ambitions de chacun. Cela contribue naturellement à les animer mais il ne faut pas occulter le poids culturel. Le corollaire est la communication et le pouvoir des mots. Dès lors que les relations internationales font intervenir des jeux de puissance, tout rapport de force intègre nécessairement une bataille culturelle et de la communication. La Russie et la Chine s'affirment toujours plus face au monde occidental.

Sur le fond, il existe des similitudes. Sur la forme, il y a des divergences d'approche.

Chaque acteur étatique développe sa propre appréhension du *hard* et du *soft power*. [1] Pour les exemples chinois et russe, on peut nous rétorquer que l'un et l'autre mettent en œuvre une approche différente dans leurs relations avec le monde occidental pour bien des raisons. La puissance économique de la Chine permet à cette dernière d'appréhender sa place sur l'échiquier mondial d'une manière qui diffère de celle de la Russie, moins forte économiquement, mais qui fera davantage planer une menace militaire. Ainsi, la Chine cherche à conquérir le monde en développant son impressionnant projet de restauration des Routes de la Soie tandis que la Russie préfère montrer les muscles pour se faire entendre dans la zone arctique ou bien en Europe orientale. Un autre argument peut être la localisation géographique qui contribue à penser les rapports de force différemment. La Chine est géographiquement éloignée des puissances occidentales tandis que la Russie partage des frontières avec certaines d'entre elles.

---

[1] Note de l'auteur : le hard power et le soft power sont des théories des relations internationales. Elles émanent de Joseph Nye. Eminent politologue et auteur de nombreux ouvrages et articles internationalement reconnus, il fut l'Assistant au Secrétaire à la Défense pour les enjeux de sécurité internationaux sous la présidence Clinton de 1994 à 1995. Il défend la thèse que le hard power se caractérise par les moyens de pression traditionnels au sein des rapports de force politiques et militaires. Le soft power repose sur un pouvoir d'influence plus subtil et souple. Cela peut se traduire par des politiques économiques ou encore culturelles. Avec Robert Keohane, il fonda l'institutionnalisme néolibéral, une vision théorique des relations internationales au sein de laquelle le pouvoir des institutions est grand dans le système international. Joseph Nye est un des grands noms des théories des relations internationales et une des prestigieuses références de la pensée libérale.

D'autres explications peuvent être exposées mais chaque Etat a ses particularismes lorsqu'il s'agit de se manifester sur la scène internationale. Chacun dispose d'une sensibilité particulière que nous pourrions qualifier de culturelle. Cela sous-entend que tous n'accordent pas la même définition à un même mot. Dans cette logique, il apparaît que les mots, à défaut parfois d'être une source de résolution des tensions ou des crises, peuvent contribuer à une escalade de ces dernières. En somme, le dialogue fait partie des grandes composantes des relations internationales. Il peut être à l'origine de malentendus ou de maladresses. A contrario, il permet de faciliter l'entente ou de résoudre des incompréhensions. En revanche, dans un environnement global où les rapports de force sont omniprésents, il permet surtout de faire passer des messages. En l'occurrence, le monde est en train de changer à très grande vitesse. La domination occidentale n'est plus aussi écrasante depuis que la Russie et la Chine contestent son leadership et n'hésitent pas à s'y opposer ouvertement tandis que pareil cas de figure n'aurait jamais été envisagé à l'issue de la guerre froide. L'ordre mondial a évolué car des puissances étatiques se sentent désormais suffisamment fortes pour contrarier les desseins occidentaux de domination sur le *hard* et le *soft power*.

Le monde occidental, les Etats-Unis en tête, a suscité beaucoup d'antipathie dans le monde depuis les attentats de septembre 2001. Ces événements dramatiques ont eu un impact considérable sur les relations internationales car les Etats-Unis d'Amérique venaient d'être attaqués sur leur sol. Quelqu'un avait osé. Les autorités dirigeantes décidèrent aussitôt que de tels actes ne pussent rester impunis. La guerre fut déclarée à l'organisation Al-Qaïda et fut matérialisée par une intervention militaire coalisée en Afghanistan. En 2003, ce fut au tour de l'Irak de Saddam Hussein de subir les foudres américaines pour des raisons plus obscures : le régime était suspecté de détenir des armes de destruction massive, argument qui s'avéra mensonger. Les longues interventions militaires dans ces terres d'Islam eurent pour conséquence les déstabilisations socio-politiques de l'Irak et de l'Afghanistan, la montée en puissance du terrorisme au travers de l'émergence de nouvelles organisations et l'apparition d'un sentiment anti-américain voire anti-occidental qui commença à se répandre notamment dans le monde islamique.

Plusieurs juridictions où l'Islam est la religion dominante ont sévèrement critiqué la manière dont le monde occidental est intervenu en Irak et en Afghanistan mais également le discours de ce dernier résolument orienté vers une détermination farouche à traquer les organisations terroristes. La manière de communiquer a souvent été critiquée. La récurrence de certains mots ou expressions dans le discours occidental est à l'origine de malentendus qui ont agrandi le fossé de l'incompréhension entre les peuples. Lorsque le discours global martèle sans cesse le besoin de lutter contre les organisations terroristes et les régimes autoritaires qui transgressent les droits de l'Homme, certains mettent en garde contre les risques d'amalgames et de mauvaise assimilation. En d'autres termes, des acteurs combattant ce qui est dénoncé par l'Occident ont fini par faire part de leur désarroi d'avoir l'impression d'être perçus comme des acteurs faisant montre de complaisance à l'égard des organisations terroristes ou de favoriser l'imposition de régimes autoritaires.

Un constat similaire peut être dressé dans la manière avec laquelle le monde occidental entretient des relations complexes avec la Russie. Vue d'Europe, la patrie des tsars est perçue comme une menace permanente. Le déclenchement des hostilités en Ukraine a sonné le glas pour Vladimir Poutine qui disposait déjà de peu de crédit aux yeux de l'Occident. Il est désormais décrit comme une menace pour la paix et la sécurité dans le monde. On le dit dangereux et fou, animé d'une détermination sans faille d'aller jusqu'au point de non-retour. Pourtant, lorsqu'on se plonge dans le passé, il faut bien reconnaître une part de responsabilité occidentale dans ce qui a façonné les difficiles relations diplomatiques avec Moscou. Nous y reviendrons : si l'opération militaire déclenchée par la Russie est condamnable, il faut veiller à ne pas lui accorder tous les torts. Des facteurs ont contribué à ce contexte malheureusement dramatique. Il saute aux yeux une évidence : la partialité de la communication. La guerre en Ukraine est évidemment attribuée à la seule volonté russe de vouloir créer le chaos en Europe orientale.

Pourtant, dans le passé, la Russie avait réagi à maintes reprises contre des volontés occidentales qu'elle réprouvait et qu'elle considérait comme des provocations à son égard. Nous pourrions citer les propositions faites à l'Ukraine et à la Géorgie en 2006 de rejoindre le giron OTAN... Depuis lors, le climat n'a cessé de se tendre avec Moscou mais l'Occident, dominé par les Etats-Unis, ne doit pas être absous de ses responsabilités. Nous évoquerons également les Accords de Minsk (2014) et de Minsk II (2015) qui devaient mener à l'arrêt des hostilités entre l'Ukraine et la Russie. Si le premier accord n'a jamais été respecté, le second ne l'a été que partiellement par Kiev et Moscou. Là encore, le poids des mots est fondamental. Il est aisé de pratiquer une politique de communication de dénonciation, de victimisation voire de diabolisation qui soit efficace pour attribuer le mauvais rôle à un acteur tout en prenant soin d'occulter une partie de l'information en vue de livrer une « vérité » à l'opinion publique. Cher lecteur, comprenez bien que dans les relations internationales, l'origine de nombreux conflits peut s'apparenter à une crise de couple : il est rare que tous les torts incombent à un seul et unique acteur.

Dans les jeux de pouvoir, on affaiblit l'adversaire en le rabaissant. Il n'est pas gentil. Il est dangereux. On livre des exemples qui tendent à confirmer ces allégations. A force de marteler ce discours, l'opinion publique acquiesce et finit par assimiler la version livrée. Les exemples de la lutte contre le terrorisme islamiste et les relations complexes entretenues avec la Russie sont deux cas de figure différents qui montrent la complexité du pouvoir de la communication et les incompréhensions qui peuvent en être induites... ou qui sont souhaitées. Pour ce qui est des pays où la population est majoritairement musulmane, le discours occidental est mal assuré. Il est maladroit. C'est ainsi qu'à force d'être martelé, il résonne aux oreilles de ses récipiendaires comme une forme d'accusation à peine masquée. Le ressenti est le suivant : « vous nous suspectez d'être les complices des terroristes ». Pour la Russie, le contexte est différent. On oublie volontiers de rappeler les épisodes qui ont contribué à aboutir à la crise ukrainienne actuelle. C'est le résultat d'une longue période animée par des coups bas menés par les deux camps, le russe et l'occidental. Aujourd'hui, on tire à boulets rouges sur le Kremlin. Les accusations sont justifiées. Toutefois, encore faudrait-il procéder à une autocritique et reconnaître des torts qui ont contribué à alimenter ces relations difficiles avec la Russie. En somme, certains malentendus ou incompréhensions résultent d'une maladresse. D'autres sont délibérés.

Un ordre mondial en pleine évolution
Nous avons déjà évoqué cette thématique dans une autre étude [2] : l'ordre mondial a considérablement évolué

depuis que nous sommes entrés dans le XXIème siècle. L'ultra-domination occidentale post-guerre froide n'est plus aussi vraie de nos jours. Cela vaut autant pour le *hard* que le *soft power*. Le monde a changé. Des Etats ont connu une ascension économique fulgurante. Certains ont acquis depuis lors une puissance militaire de premier plan. D'autres se manifestent davantage et contestent ouvertement les acteurs qu'ils n'auraient jamais critiqué de la sorte au plus fort de la domination occidentale et plus particulièrement étatsunienne. Les ambitions de certains ont considérablement évolué dès lors qu'ils se sentent plus forts ou bien rassurés en voyant que d'autres n'hésitent plus à contester voire à s'insurger contre les puissances dominantes. Lorsque la Chine promeut son pharaonique projet infrastructurel des Routes de la Soie, tout le monde comprend qu'elle dispose d'une force de frappe économique que seuls les Etats-Unis peuvent concurrencer. Lorsque la Russie expose des revendications dans la région arctique, tout le monde comprend que ses arguments sont sérieux et destinés à mettre dans l'embarras les autres pays riverains… avec les conséquences géopolitiques que cela peut induire. Lorsque la Corée du Nord s'adonne à des tirs balistiques ou des essais nucléaires, le monde occidental s'insurge mais demeure désespérément impuissant face aux décisions de Kim Jong-Un. Ce dernier exemple est d'ailleurs révélateur. La Corée du Nord est un nain économique en comparaison des Etats-Unis et de ses alliés occidentaux. Le fait que le régime dispose d'armes craintes par la communauté internationale assure sa tranquillité à la dynastie Kim. D'ailleurs si Mouammar Kadhafi et Saddam Hussein étaient parvenus à acquérir la puissance militaire nucléaire, sans doute n'eussent-ils jamais été renversés. C'est pour cette raison que l'Iran ne compte pas abandonner ses ambitions nucléaires : plus Téhéran parviendra à

---

[2] Thierry Pastor, *Dans l'ombre des titans*, 2022, 233 pp.

conserver ce moyen de pression et plus les Gardiens de la Révolution auront de chances de garder les rênes du pouvoir. Si le pays continue d'être soumis à de nombreuses sanctions économiques visant à affaiblir le pouvoir des dirigeants politiques et religieux, la Chine fait du commerce avec l'Iran, au grand dam des Etats-Unis. Certains pays européens espéraient pouvoir travailler à nouveau avec Téhéran mais Washington avait fait comprendre aux entreprises téméraires qu'elles s'exposeraient alors à d'importantes sanctions... En revanche, les Etats-Unis ne pouvaient pas tenir le même discours avec la Chine.

La domination occidentale est plus que jamais contestée. Lorsque survinrent les événements de septembre 2001 dans la patrie de l'Oncle Sam, le monde occidental constata avec effroi qu'il n'était pas imperméable au chaos. Si le nom d'Al-Qaïda devint rapidement connu de tous, les mouvances islamistes n'étaient pas en soi une nouveauté. Pire, dans le cas de l'organisation pilotée par Oussama ben Laden, certains membres furent naguère soutenus par les Etats-Unis lors de la guerre opposant l'Afghanistan à l'URSS dans les années 1980. Ces organisations ne sont pas soudainement apparues dans le paysage international. En revanche, elles ont commencé à s'exprimer d'une manière aussi inattendue qu'offensive vis-à-vis du monde occidental et de tous ceux qui furent alors identifiés comme des ennemis. De nombreux pays occidentaux majoritairement chrétiens ainsi que d'autres juridictions majoritairement musulmanes ont été la cible d'attaques terroristes. Quant aux interventions militaires menées en Irak et en Afghanistan, elles n'ont rien arrangé si ce n'est de créer davantage de désordre dans les zones concernées et de favoriser l'émergence ou la confirmation d'organisations terroristes toujours plus menaçantes. A l'évidence, les interventions occidentales ont été couronnées d'échecs. Cela signifie qu'en dépit de la puissance économique et militaire, aucune intervention armée ne garantit un succès à la fin des opérations. L'enlisement occidental dans des crises plus longues qu'initialement prévues a sans doute contribué à l'essor de contestations qui n'auraient vraisemblablement pas été exprimées de la sorte quelques années auparavant. La montée en puissance économique, politique et militaire de certains acteurs étatiques a également pesé. Pourtant, à l'issue de la guerre froide, les *hard* et *soft powers* américains n'avaient jamais connu d'équivalent de domination dans l'Histoire. On promettait alors aux Etats-Unis une longue période d'ultra-domination. Une décennie plus tard, la donne avait déjà considérablement évolué.

Un contexte post-guerre froide propice jusqu'à l'irruption du terrorisme islamiste

Le XXème siècle a connu des remous internationaux inédits au regard de ceux survenus lors des siècles précédents. Une combinaison de facteurs a contribué à ce que les guerres soient plus meurtrières que jamais tandis qu'une grande partie du monde se retrouvait concernée par plusieurs conflits ou crises. Par le jeu d'alliances diplomatiques et militaires, la colonisation ou encore les progrès technologiques, les deux guerres mondiales n'ont jamais eu d'équivalent dans l'histoire de l'humanité. Le monde fut véritablement à feu et à sang pendant la décennie que durèrent ces deux guerres. Pas un continent ne fut épargné par ces dernières. A l'issue de la Première Guerre mondiale, de grands empires disparurent. Les négociateurs du Traité de Versailles voulurent s'assurer qu'une telle horreur humaine ne se reproduisît jamais. Deux décennies plus tard, le scénario bis repetita prit forme. Entre temps, des régimes autoritaires avaient pris racine dans plusieurs juridictions européennes. La crise économique de 1929 survint et ses conséquences se répandirent rapidement en Europe. Elle favorisa notamment l'irrésistible montée en puissance du nazisme en Allemagne qui fustigeait le diktat de Versailles. En Russie, Lénine, le père de la révolution d'Octobre 1917, mourut en 1924. Staline lui succéda et dirigea l'URSS d'une main de fer jusqu'en 1953. En Italie, le fascisme de Mussolini régna sur le pays pendant deux décennies. En Europe occidentale, le Royaume-Uni rencontra plusieurs crises politiques internes. Cela se traduisit par une succession de Premiers ministres. Si certains parvinrent à conserver leur position plusieurs années, d'autres virent leur action gouvernementale limitée à quelques semaines ou mois. En France, la IIIème République manifestait des signes d'essoufflement : les gouvernements étaient souvent désavoués par le Parlement. Entre 1920 et l'instauration du régime de Vichy en juillet 1940, il n'y eut pas moins de quarante-cinq changements à la présidence du conseil des ministres. Douze gouvernements eurent une longévité inférieure à un mois (Raymond Poincaré réussit par deux fois à piloter un gouvernement pendant deux ans… il fut le seul à réaliser pareil exploit)! Cela contribua à une instabilité de la gouvernance en raison des changements incessants des équipes dirigeantes. De même, pour ce qui est du Royaume-Uni et de la France, ces deux puissances coloniales devaient de plus gérer des mouvements contestataires qui commençaient à poindre dans plusieurs colonies.

Les ambitions expansionnistes d'Adolf Hitler inquiétaient ses interlocuteurs qui firent leur possible pour éviter une nouvelle guerre. Malgré les efforts diplomatiques français et britanniques, l'Europe s'embrasa à nouveau en 1939. Si les armées du Reich semblaient conquérir aisément l'Ouest et l'Est, l'ouverture de plusieurs fronts fit que la guerre se propagea sur une immense aire géographique. Par le jeu des alliances et les provocations des uns et des autres, de nombreux pays se retrouvèrent concernés par cette guerre mondiale qui atteignit sans doute des sommets d'ignominie. Plusieurs dizaines de millions d'individus moururent. Après six années d'âpres combats, l'Allemagne nazie et son allié japonais capitulèrent. Le monde espérait pouvoir tirer les leçons de cette guerre effroyable pour ne plus jamais se retrouver confronté à pareille situation. Il eut à peine le temps de souffler que la guerre froide fit son apparition. Avec elle, une opposition idéologique allait animer le monde et le diviser en deux grands ensembles : l'Est et l'Ouest. Deux puissances étatiques allaient surtout s'opposer : les Etats-Unis et l'URSS. De même, une autre menace devait symboliser cette rivalité exacerbée : l'arme nucléaire.

Entre temps, le monde évoluait également à grande vitesse. La décolonisation avait été enclenchée mais comportait des épisodes tragiques avec l'éclatement de guerres d'indépendance. L'Asie et l'Afrique connurent ainsi de nombreuses crises dont certaines sont toujours d'actualité comme la rivalité opposant l'Inde au Pakistan. De nombreux nouveaux Etats indépendants virent le jour. Pour certains, cela se fit dans la douleur. La France dut gérer la guerre d'Indochine qui se mua ultérieurement en guerre du Vietnam avec l'intervention américaine. Il y eut également la guerre d'indépendance de l'Algérie. Entre temps, un conflit enflammait l'Extrême-Orient dans la péninsule coréenne depuis 1950 (malgré le cessez-le-feu de juillet 1953). En Chine, Mao Zedong proclama la République Populaire en octobre 1949, un régime adepte de l'idéologie communiste qu'il dirigea fermement jusqu'à sa mort en 1976. Dans les années 1960, tandis que la guerre froide s'intensifiait, plusieurs pays disposant d'une richesse qu'ils comptaient désormais exploiter pour leur propre compte allaient s'allier au sein d'un cartel : l'OPEP. Cette organisation allait peu à peu prendre de l'importance dans le paysage international au fur et à mesure de l'influence croissante que l'or noir était en train d'acquérir au sein de l'économie mondiale et des relations internationales. Ce ne sont là que quelques exemples visant à montrer l'agitation qui secouait le monde d'après-guerre pendant plusieurs décennies.

La deuxième partie du XXème siècle fut donc tumultueuse. En Europe occidentale, l'heure de la reconstruction avait sonné au sortir de la guerre. Elle fut accompagnée d'une volonté manifeste de se pacifier. Les années 1950 furent les témoins des premières étapes de ce qui deviendrait la construction européenne au travers notamment des créations de la Communauté européenne du charbon et de l'acier et la Communauté européenne de l'énergie atomique. L'idée fut de réunir les ennemis de naguère, la France et l'Allemagne en premier lieu, au sein d'organisations interétatiques. Il ne fut pas aisé de rapprocher ces deux pays qui s'étaient opposés lors de trois guerres en sept décennies à peine. Le pari fut osé mais réussi. La Communauté Economique Européenne vit le jour en 1957 et réunit alors la France, l'Allemagne, l'Italie et les trois Etats composant le Bénélux. Cette organisation supranationale s'élargit peu à peu jusqu'à basculer vers une union politique et économique en 1992 : l'UE. Le fameux Traité de Maastricht de 1992 survint après divers événements majeurs qui animèrent les années précédentes. Il y eut la chute du mur de Berlin en 1989. La première guerre du Golfe éclata en 1990. La fin de l'URSS fut définitivement actée en 1991. En d'autres termes, en deux années, le monde assista à l'épilogue de la guerre froide et à la confirmation d'un nouvel ordre mondial. La rivalité Est-Ouest prit fin tandis que le triomphe occidental s'affirma plus que jamais, notamment au travers de l'invasion du Koweït par l'Irak de Saddam Hussein. L'intervention d'une force coalisée menée par les Etats-Unis symbolisa la nouvelle réorganisation du monde qui assista alors à la confirmation d'une puissance inégalée en termes de *hard* et de *soft power* : celle des Etats-Unis d'Amérique. La domination américaine était alors telle qu'il était difficile d'imaginer qu'elle pût être contestée par quiconque. Personne ne disposait des capacités politiques, économiques, militaires, technologiques ou encore culturelles de la concurrencer.

Pourtant, quelques signes avant-coureurs devaient rappeler que les jeux de puissance sont évolutifs et que rien n'est jamais définitivement acquis dans les relations internationales. Dans les années 1990, les Etats-Unis furent la cible de plusieurs attaques terroristes. En février 1993, un attentat à la voiture piégée frappa le World Trade Center de New York. Ce dernier tua six personnes et en blessa plus de mille. En août 1998, des attentats visèrent les ambassades américaines de Nairobi au Kenya et de Dar es Salaam en Tanzanie. Le bilan fut de deux cent vingt-quatre morts auxquels il fallait ajouter plus de quatre mille blessés. En octobre 2000, le destroyer américain USS Cole fut la cible d'une attaque suicide à Aden, au Yémen. Dix-sept militaires américains perdirent la vie. Entre temps, un nom avait commencé à circuler au sein des services de renseignement occidentaux : Al-Qaïda. Le 11 septembre 2001, le monde fut saisi d'effroi avec le détournement de plusieurs avions de ligne aux Etats-Unis et les attentats qui marquèrent à jamais ce début de troisième millénaire. La première puissance économique mondiale subit ce jour-là l'attaque la plus sévère sur son territoire depuis celle de Pearl Harbor en décembre 1941. Cette dernière fut alors commandée par le Japon et précipita l'entrée en guerre des Etats-Unis dans la Seconde Guerre mondiale. Or les événements de 9/11 ne furent pas le fait d'un Etat mais d'une organisation terroriste internationale aux ramifications multiples. Le Président George W. Bush ordonna aussitôt la traque des auteurs de ces attentats. Une guerre allait être déclarée contre un ennemi qui n'était pas un Etat.

Réduction des écarts de puissance et contestation de la domination de la puissance occidentale

Il y a eu un avant et un après 11 septembre 2001. Il existe des dates qui marquent profondément l'Histoire et celle-là en fait partie. Les attentats n'ont pas été à l'origine d'une révolution de l'ordre mondial. Si ces événements sont par leur nature d'une brutalité extrême, l'ordre mondial a évolué peu à peu. En revanche, 9/11 a surtout indiqué une nouvelle donne : un nouvel ennemi venait de se déclarer. Al-Qaïda a non seulement revendiqué les attentats mais annoncé son intention de poursuivre sa lutte contre les acteurs qui auront été identifiés comme des ennemis. Pour les Etats-Unis, une guerre d'un nouveau genre allait se mettre en place car à la différence d'une armée conventionnelle, l'ennemi pouvait à présent être n'importe qui. En d'autres termes, si l'intervention militaire décidée en Afghanistan visait à combattre les Talibans et Al-Qaïda, tous les membres de cette organisation ne vivaient pas en Asie centrale. Beaucoup de sympathisants et activistes étaient basés en Occident.

Le début du XXIème siècle a également été marqué par la montée en puissance politique, économique et militaire de plusieurs Etats qui allaient peu à peu s'affirmer sur la scène internationale. En 2000, un homme prit les commandes de la Russie à l'issue de l'ère Eltsine : Vladimir Poutine. Ce dernier allait rapidement fixer les règles du jeu et faire montre d'une intransigeance redoutable et redoutée à l'égard de quiconque se dresserait sur son chemin. Il opposa une lutte sans merci aux organisations terroristes qui perpétrèrent des attentats en Russie. Quant au monde des affaires, les oligarques comprirent qu'ils avaient la possibilité de développer leurs affaires comme ils l'entendaient mais étaient sommés de ne pas se mêler des affaires politiques du pays. Une nouvelle autorité venait donc de s'imposer en Russie tandis que les prix d'échange de nombreuses matières premières, à commencer par les hydrocarbures, lui permirent de connaître une embellie économique qui fit presque oublier le désastre économique occasionné par l'effondrement de l'URSS une décennie plus tôt. Le redressement économique russe fut spectaculaire. Quant aux ambitions nationales du pays, elles n'allaient pas tarder à être exposées : Vladimir Poutine afficha clairement son intention de refaire de son pays une puissance majeure au sein du giron politique mondial. Il adressa le message à l'Occident qu'il faudrait parler avec la Russie d'égal à égal. Très rapidement, les sujets de dissension apparurent. Le fossé diplomatique entre Moscou et l'alliance occidentale ne fit que croître avec le temps.

Jiang Zemin, Hu Jintao, Xi Jinping. Ce sont les noms des trois leaders politiques qui ont piloté la destinée politique et économique de la Chine depuis les années 1990. Depuis les années 1960, le pays surfait sur d'importants taux de croissance économique. Les meilleures années, il dépassa 20%. Cela était le cas alors que l'économie nationale était très en retard par rapport au dynamisme des économies les plus avancées de la planète. Pourtant, si les taux de croissance diminuèrent peu à peu, ils sont toujours demeurés dynamiques. D'ailleurs, dans les années 2000, des analystes économiques n'imaginaient pas que la Chine pût poursuivre son développement économique marqué par des taux de croissance aussi performants (supérieurs à 5% a minima et parfois proches de 10%).

Le géant chinois n'a pas fait de bruit. Il a poursuivi son développement économique pas à pas jusqu'au point de devenir un acteur incontournable de l'économie mondiale. La Chine a connu une montée en puissance fulgurante dans les années 2000. Elle organisa les Jeux olympiques d'été de Pékin en 2008. Ils furent alors les plus chers de l'Histoire. Elle sut s'affranchir des pressions extérieures lorsqu'elle fut critiquée pour sa politique pratiquée à l'égard du Tibet. Plus tard, elle affiliation la même imperméabilité aux pressions extérieures au regard du Xinjiang puis de Hong Kong. L'arrivée au pouvoir de Xi Jinping fit entrer le pays dans une autre dimension avec la promotion de l'ambitieux projet de restauration des Routes de la Soie. Le budget consacré (mille milliards de dollars) est unique pour un tel projet infrastructurel. Surtout, Pékin montre des ambitions hors-normes à vouloir optimiser ses intérêts commerciaux sur plusieurs continents. Enfin, la Chine a également effectué d'immenses progrès dans le domaine technologique. Elle a abondamment communiqué sur ses projets spatiaux. Elle est devenue une référence pour les nouvelles technologies. Elle consacre un budget croissant à sa défense. Seuls les Etats-Unis consacrent davantage d'argent qu'elle pour ce secteur si sensible. Quant à sa diplomatie, elle se soucie peu des mises en garde occidentales. Elle ne les craint pas. Qui pourrait, par exemple, imposer à la Chine de ne pas faire de commerce avec l'Iran ?

Les rapports de force évoluent sans cesse dans les relations internationales. Au regard de la guerre en Ukraine, les puissances européennes ont décidé de consacrer davantage de dépenses à leur défense. La Russie est passée à l'acte dans la nuit du 23 au 24 février 2022. Si tout le monde s'accordait à donner du crédit à l'hypothèse d'une offensive russe, le passage à l'acte révéla surtout l'impréparation de plusieurs puissances européennes qui confessèrent alors ne pas être prêtes à s'engager dans un conflit armé. Cette offensive a surtout rappelé que la guerre est une composante immuable des relations internationales. Malgré tout ce que la communauté internationale a pu mettre en place afin de prévenir les risques de conflit, il existe encore des problèmes pour lesquels la diplomatie s'avère malheureusement impuissante ou inefficace.

Toutefois, ne sous-estimons pas la force de cette dernière car elle a à maintes reprises permis la résolution de crises par le dialogue. Bien que nous défendions le postulat que la raison du plus fort prévaut toujours, cela était d'autant plus vrai à l'apogée de la domination américaine. Force est de constater que cette dernière n'est plus aussi frappante que naguère. Lorsqu'il était encore possible d'obtenir satisfaction avec l'emploi de la menace, parfois de la force ou tout simplement en imposant ses volontés au travers de communications où le ton impératif dominait, la donne a changé en raison de la réduction des écarts de puissance avec des acteurs concurrents. S'il convient de savoir faire montre de fermeté, il est tout aussi important d'adapter la communication à la réalité contemporaine des relations internationales.

Poids des mots et mauvaises interprétations

Le métier de diplomate n'est pas aisé. Communiquer est un art. Dans l'Antiquité, Aristote s'était longuement interrogé sur l'art de la rhétorique. Il l'avait articulé autour de trois idées maîtresses : l'*ethos*, le *logos* et le *pathos*. L'*ethos* se concentre sur l'orateur, sa personnalité et tout ce qui lui permet d'être convaincant. Le *logos* est la partie argumentée de la communication. Quant au *pathos*, il renvoie à la partie émotionnelle du discours. C'est ce qui permet de sensibiliser l'autre. Aristote n'est évidemment pas le seul penseur à s'être penché sur la thématique de la rhétorique ; en revanche, sa réflexion date du IVème siècle avant notre ère et elle demeure parfaitement adaptée à la communication que nous connaissons car toute forme de communication repose sur un rapport de séduction. Si la magie n'opère pas, l'opération séduction sera un échec. C'est toute la difficulté qui incombe au diplomate. Il doit séduire ses interlocuteurs qui auront à leur tour des arguments à faire valoir. De même, il doit également prendre en considération les différences culturelles et autres de ses alter ego : la diplomatie renvoie aux idées développées par Aristote mais induit une dimension moins apparente : l'équilibre. Il s'agit effectivement d'un équilibre car la diplomatie triomphe lorsque les parties en présence parviennent à s'entendre pacifiquement sur une opposition, un désaccord voire une crise. C'est le signe que les interventions des diplomates ont été payantes. Les arguments ont donc été convaincants. La raison a primé. Toutefois, cela signifie également que les acteurs sont parvenus à communiquer sans commettre d'impair. En d'autres termes, tous ont pris soin de considérer l'autre malgré ses différences. Parfois, ces dernières ne sont pas apparentes. Par exemple, le diplomate doit s'assurer que les mots qu'il utilise seront parfaitement compris par ses interlocuteurs. Communiquer revient donc à s'assurer que l'autre comprenne le sens du propos tenu. Or ce n'est jamais chose aisée.

Dans sa vision réaliste des relations internationales, Raymond Aron voyait en deux personnages ceux qui incarnaient ou symbolisaient le mieux ces dernières : le soldat et le diplomate. Bien que cette thèse ait été critiquée car occultant d'autres acteurs (agents de renseignement, personnes chargées de diffuser de la propagande, etc.), elle a toutefois le mérite de présenter une vision synthétique de la manière dont le monde fonctionne. Certes, il est effectivement réducteur de ne circonscrire les relations internationales qu'à la diplomatie et à la guerre car il existe effectivement d'autres moyens d'action et de communication mais accordons au diplomate et au soldat les rôles des acteurs les plus visibles sur la scène internationale en cas de crise politique incluant plusieurs pays. Le premier est le communiquant, celui qui cherche les solutions qui visent à résoudre des problèmes en vue d'éviter l'option du conflit armé. Le second incarne l'échec de la diplomatie. Par échec, il faut comprendre que la diplomatie ne résout pas tous les désaccords. Des malentendus peuvent subsister. De même, l'échec du dialogue peut avoir pour origine la volonté délibérée d'une ou de plusieurs parties en présence de vouloir en découdre sur un terrain armé.

Communiquer demeure un exercice de style compliqué car il faut avancer des arguments recevables qui finissent par convaincre. Il faut s'assurer que les mots employés soient assimilés de la même façon par tous. Il s'agit donc de se soucier de la perception qu'un interlocuteur aura de certains mots dans une réalité culturelle et politique donnée. Ainsi, employer le mot « démocratie » à tout-va dans une discussion avec des représentants d'un régime autoritaire est une prise de risque s'il s'agit d'une volonté délibérée de communiquer de la sorte et une maladresse si ce n'est pas intentionnel. Ainsi, la communication intègre la fréquence les mots utilisés ainsi qu'une tonalité globale. Cela renvoie au *pathos* d'Aristote : le contenu d'un discours ainsi que sa tonalité auront un impact sur ses récipiendaires. Ainsi, lorsque le monde occidental connut dans les années 2000 une importante vague d'attaques terroristes revendiquées par Al-Qaïda, il était extrêmement difficile pour les pays visés de montrer une détermination sans faille de lutter contre les organisations terroristes et de marteler à l'envi un discours où finalement le récipiendaire finit par ne plus vraiment discerner l'objectif réel du message. En clair, nous y avons déjà fait référence, des pays de culture islamique ont fini par s'indigner du discours occidental car leur ressenti portait sur une impression d'assimilation de la part des Occidentaux. Si le discours se voulait catégorique sur la volonté de lutter contre les organisations terroristes, le fait de rabâcher l'envie de combattre l'extrémisme religieux et le ton du discours ont fait que des autorités publiques ont soulevé la question suivante : pensez-vous que nous sommes complices et complaisants à l'égard des organisations terroristes ?

Nous sommes convaincus que le monde occidental n'a jamais cherché à ce que les autorités publiques de juridictions de culture islamique se sentent visées par des reproches voire accusations sous-entendues. En effet, une grande majorité combat activement les organisations terroristes. Certaines ont subi des attentats meurtriers. Pourtant, des propos revenant trop fréquemment leur donnent l'impression d'être suspectées de mansuétude voire de complicité alors qu'il ne s'agissait pas du but recherché par le monde occidental. C'est la raison pour laquelle le dialogue n'est pas qu'une suite de mots et de phrases. Il est impératif de savoir comment l'autre les recevra et les assimilera tout comme il est essentiel de se soucier de la manière de communiquer. Le moindre détail a son importance car tout est susceptible de faire l'objet d'une mauvaise interprétation ou d'un malentendu pouvant être une source de discorde. En d'autres termes, bien que dépourvu de mauvaise intention initiale, le remède peut s'avérer pire que le mal. Nous avons l'impression que cela est d'autant plus vrai dans un environnement global où les acteurs qui furent naguère ultradominants sur la scène internationale voient la concurrence s'intensifier tant en matière de *hard* que de *soft power*. Que notre analyse ne soit pas mal interprétée ! Nous ne sommes pas en train de conseiller aux puissances occidentales de s'incliner devant la montée en puissance des acteurs concurrents qui contestent leur domination politique, économique, militaire, technologique ou encore culturelle. Non. Nous leur conseillons d'adapter le discours à la réalité de l'évolution des relations internationales. Celui qui désire demeurer puissant dans un environnement global où la concurrence s'intensifie ne pourra pas assouvir ses volontés en optant pour l'imposition systématique de la force. Il convient dès lors d'afficher de la fermeté mais également faire montre de subtilité. Après tout, n'est-ce pas Machiavel qui, au XVIème siècle, avait conseillé au Prince de composer avec la ruse du renard et la force du lion pour gouverner efficacement ? [3]

Conclusion

Le monde a considérablement changé depuis l'an 2000. C'est une certitude. La réalité des relations internationales des années 1990 a été balayée par plusieurs facteurs que nous essayons de mettre en évidence. Les rapports de force sont en train d'évoluer à très grande vitesse. De même, la décennie 2010 a apporté une confirmation : le monde occidental connaît des crises socio-politiques internes qui tendent à faire la part belle aux politiques populistes ou démagogiques. C'est le signe manifeste que quelque chose ne va pas. Bien qu'il fût élu avec l'étiquette du parti républicain, Donald Trump avait des allures d'ovni au sein de la scène politique internationale. Peu respectueux des protocoles, il est à l'origine d'un refroidissement des relations avec les alliés traditionnels des Etats-Unis. Nous pouvons également évoquer l'élection de Jair Bolsonaro, candidat d'extrême droite, au Brésil. Nous pouvons mentionner la popularité d'acteurs politiques d'extrême droite en Europe : Marine Le Pen en France qui est parvenue à se hisser au second tour des élections présidentielles françaises de 2017 et de 2022, Matteo Salvini en Italie qui a été ministre sous la gouvernance Conte mais qui est à la tête d'un parti politique parfois présenté comme le plus populaire d'Italie ou encore Sebastian Kurz en Autriche qui a même été Chancelier de son pays.

---

[3] Nicolas Machiavel, *Le Prince*, 1513 mais publié pour la première fois en 1532

En Occident, les partis modérés traditionnellement au pouvoir sont de plus en plus contestés par les électeurs qui reportent désormais leurs votes vers les extrêmes. Quant aux autres Etats qui concurrencent sérieusement le leadership occidental, ils sont dirigés par des hommes forts qui imposent leur autorité à tous dans leur pays. Il existe donc d'importantes différences de régimes politiques et de méthodes de gouvernance : la communication d'un chef autoritaire diffère généralement de celle d'un dirigeant plus modéré et concentrant moins de prérogatives de puissance publique entre ses mains. Autrement dit, cela se manifeste au sein de la communication entre ces différents types de dirigeants, à plus forte raison lorsque les rapports de force tendent à se réduire au sein des principales puissances politiques, économiques et militaires de la planète. Cela rend le dialogue probablement plus compliqué. L'art de la communication en est d'autant plus redoutable.

Il ne s'agit que d'une hypothèse mais tous ces éléments font peut-être partie des éléments explicatifs des difficiles relations diplomatiques que la Russie entretient globalement avec le monde occidental depuis l'avènement de Vladimir Poutine. Nous ne saurons jamais si la guerre opposant la Russie à l'Ukraine était évitable. Peut-être que rien n'aurait empêché Vladimir Poutine de vouloir engager une intervention militaire russe chez son voisin et qu'en dépit des efforts diplomatiques, il avait l'intention d'engager des combats. Peut-être qu'il était prêt à dialoguer sincèrement comme il l'a souvent affirmé afin d'éviter une guerre. Il se dit que Russes et Occidentaux ne seraient pas parvenus à trouver un terrain d'entente qui convienne à tous (en incluant l'Ukraine). Peut-être. Pourtant, nous conservons en nous cette conviction que les efforts diplomatiques auraient pu payer et atténuer la crise russo-ukrainienne. Il y a sans doute eu des erreurs de communication de commises. Il y a sans doute eu de la mauvaise foi qui a anéanti les chances d'issue diplomatique. Il y a certainement eu un problème de dialogue entre les parties en présence.

Après deux mois de combats opposant les forces armées russes et ukrainiennes, en dépit des discussions diplomatiques qui se tiennent en Turquie afin de trouver un terrain d'entente qui puisse mettre un terme aux hostilités, la Russie ne s'attendait pas à rencontrer autant de difficultés chez son adversaire. Les victimes civiles et militaires sont nombreuses. En Occident, on estime que le Président Poutine a surestimé ses capacités militaires. En Russie, la cote de popularité de ce dernier ne cesse de croître alors que l'intervention en Ukraine ne devait être l'affaire que de quelques jours.

La Russie a mis ses menaces à exécution. Cette intervention militaire a choqué le monde occidental. Nous nous interrogeons. Si l'Ukraine campe le mauvais rôle du pays attaqué devant se défendre, l'offensive russe est un message adressé au monde occidental au-delà de celui qui a été envoyé à Kiev. En somme, comment doit-on appréhender les relations Russie-Occident ? Résultent-elles d'un vrai problème de compréhension mutuelle ou bien reposent-elles sur une véritable intention de ne pas se comprendre ? Nous verrons tout au long de ce livre qu'il existe sans doute de vraies incompréhensions au sein des deux camps. Toutefois, des arguments plaident également en faveur d'une volonté délibérée d'avoir voulu en découdre sur le terrain. Jusqu'à présent, l'alliance atlantique n'a jamais envisagé de se battre contre les forces armées russes. Elle soutient l'Ukraine avec des fonds et de la logistique mais aucune force armée atlantiste ne combat la Russie. Vladimir Poutine a intentionnellement déclenché les hostilités en Ukraine. Il défie ainsi tout le monde occidental. La guerre est pour lui un moyen de communiquer.

L'alliance occidentale ne compte pas communiquer de la sorte sauf si elle n'a pas d'autre choix que de s'engager dans une lutte armée. L'Occident pense que Vladimir Poutine a surestimé ses forces. Lui semble sûr de ce qu'il entreprend et communique dans ce sens. Il veut montrer au monde occidental que les rapports de force ont évolué sur la scène internationale. C'est sa vision. Pour ce qui est de la communication, nous sommes d'avis qu'elle doit être adaptée à la réalité des relations internationales au regard des rapports de force. Cela vaut pour tous si l'objectif est d'éviter les guerres.

Pendant ce temps, le Kazakhstan est au bord du précipice…
Janvier 2022

Dans le plus grand pays d'Asie centrale, le passage à la nouvelle année a correspondu avec une agitation qui a rapidement pris une dimension inattendue. Cette dernière s'est propagée jusqu'à Almaty, l'ancienne capitale et principal poumon économique du pays. A l'origine de cette grogne populaire, la libéralisation des prix du gaz de pétrole liquéfié (GPL) a mis le feu aux poudres puisque ces derniers ont soudainement doublé au 1er janvier. Dans un pays où l'écrasante majorité de la population recourt à ce carburant, cette décision était celle de trop, celle qui devait provoquer des réactions en rafale. Le peuple descendit dans la rue pour protester, voyant son faible pouvoir d'achat sévèrement impacté. Ces réactions furent rapidement réprimées. Les premiers morts vinrent marquer cet épisode de mécontentement populaire. Tout partit de plusieurs villes côtières de la mer Caspienne. Très rapidement, le mouvement traversa le pays et essaima à Almaty où la contestation populaire prit des allures d'insurrection. La réaction des pouvoirs publics nationaux fut radicale : ordre fut donné aux forces de l'ordre de tirer sur la foule. Cette décision choqua autant au Kazakhstan qu'à l'international tandis que des pays ne manquèrent pas d'apporter leur soutien à la décision du Président Kassym-Jomart Tokaïev. Pendant ce temps, le gouvernement remit sa démission.

C'est ainsi que les événements furent présentés en Occident. En réalité, il fallait surtout reconnaître que peu d'informations provenaient du Kazakhstan. On apprit toutefois que le chef des services de renseignement, l'ancien Premier ministre Karim Massimov, fut arrêté. De même, le Président de la République Tokaïev venait de commettre l'impensable en évinçant son prédécesseur Noursoultan

Nazarbaïev de la présidence du Conseil de sécurité, organe qui avait permis à ce dernier de conserver une grande influence dans la vie politique de son pays depuis son retrait officiel survenu en 2019. En somme, les tensions sociales symbolisent surtout l'arbre qui cache la forêt. Les vrais enjeux sont à chercher ailleurs : nous sommes en train d'assister à un coup d'état sur fond de chaos social. L'état d'urgence a depuis lors été décrété. Quant à la population, elle n'a plus accès à internet. Pendant plusieurs jours, nous n'avons plus eu aucun contact avec des amis vivant sur place. Il semble révolu le temps où le Président Tokaïev faisait référence à Noursoultan Nazarbaïev pour évoquer les progrès économiques réalisés par le Kazakhstan sous son impulsion. C'est sous son égide que la capitale Astana fut débaptisée en 2019 pour devenir Nur-Sultan. Il entend désormais montrer que la page Nazarbaïev est en train de se tourner et qu'un nouveau chapitre de l'histoire nationale est en cours d'écriture. Cette initiative est cependant extrêmement risquée. Pourtant, encore une fois, les informations véhiculées en Occident ne reflètent pas exactement la réalité. Cette dernière est effectivement plus complexe. Quant aux décisions du Président Tokaïev, elles nécessitent d'être commentées. Un éclairage s'impose.

Ce début d'année est tragique à plus d'un titre. Premièrement, nous pensons à toutes ces personnes qui ont perdu la vie dans ces échauffourées qui n'avaient malheureusement rien d'inattendu. Deuxièmement, nous allons essayer d'expliquer pourquoi ce chaos social et politique intervient plus tard que ce que nous avions pu imaginer. Enfin, comment ne pas fournir quelques explications aux réactions occidentales qui ont surtout tourné autour de l'intervention russe au Kazakhstan, à la demande du Président Tokaïev ? Malheureusement, une fois de plus, le monde occidental porte des avis inadaptés à la réalité de la situation. D'ailleurs, c'est un constat que nous opérons depuis de trop nombreuses années. Les réactions de Bruxelles, de Paris ou de Berlin sont inappropriées par rapport à ce que traverse le Kazakhstan. Que ces capitales manifestent de l'inquiétude au regard d'une situation qui évolue dangereusement, c'est légitime. Le problème est que l'interprétation des événements est éloignée de la réalité. Il est regrettable de constater que la communication accusatoire est si facile d'emploi alors qu'il serait plutôt adéquat de se garder de jugements au regard de sociétés et peuples dont nous ne connaissons ni les us ni les coutumes et encore moins l'histoire. Pourquoi donc cette réaction aussi affirmée de notre part ? La raison est simple : l'un de nous connaît bien ce pays et y vécut naguère. Or le constat demeure le même : le monde occidental ne connaît pas l'Asie centrale. Le monde occidental ne connaît pas cette région du monde qui dispose pourtant d'une riche histoire. Le monde occidental ne connaît pas la steppe et ses grands peuples nomades qui connurent l'empire Mongol, celui du Tsar puis l'époque soviétique avant de s'engager vers l'indépendance au sortir de la guerre froide. Ces terres riches en ressources naturelles sont convoitées par diverses puissances étrangères. Le Kazakhstan est de loin le premier producteur mondial d'uranium. Ce pays centrasiatique dispose de nombreuses ressources minières. Coincé entre la Russie, la Chine et les autres anciennes républiques soviétiques d'Asie centrale, il lutte depuis trois décennies pour ne pas tomber sous le joug d'une puissance étrangère. Ce beau peuple est fier et il a raison de l'être. Et malheur à celui qui ne se montrerait pas suffisamment respectueux de cette grande terre de la steppe ! L'ancien Président français François Hollande peut en témoigner. En décembre 2014, le malheureux fut contraint de poser, lors d'une visite d'Etat, avec des habits traditionnels et une chapka envahissante aux côtés de son homologue kazakhstanais [4] au sourire

---

[4] Note de l'auteur : il ne faut pas confondre kazakhstanais et kazakh. Le Kazakhstanais est la personne qui détient la nationalité du pays. Le

impeccable dans son costume-cravate. Une photo circula rapidement dans les médias et embarrassa l'Elysée pendant quelques temps. Cela intervint dans un temps où les relations bilatérales franco-kazakhstanaises n'étaient plus au beau fixe, ce qui impacta d'ailleurs le commerce extérieur français avec la principale puissance politique et économique d'Asie centrale.

En Occident, nous commettons toujours la même erreur : critiquer sans connaître. Les événements actuels qui troublent le pays sont regrettables et dramatiques. Ils sont la conséquence de différentes causes. Nous espérons que tout rentre dans l'ordre au plus vite et que le sang ne sera plus versé dans les rues. La place de la République à Almaty fut prise d'assaut par les manifestants qui criaient leur colère et demandaient que les anciennes élites dirigeantes quittassent le pouvoir. Toutefois, en Occident, il ne fut aucunement fait mention de certains agitateurs qui furent « invités » à venir participer au désordre. C'est précisément ce qui valut au chef des services de renseignement de se faire arrêter au motif de « haute trahison ». Les événements tumultueux d'Almaty n'étaient pas liés au problème de la hausse des prix du gaz au 1er janvier. Le chaos survenu dans l'ancienne capitale s'est produit précisément au croisement des grandes artères, Satpayeva et Zheltoqsan (décembre en langue kazakhe) où trône une grande statue commémorative des événements tragiques de décembre 1986, lorsqu'une révolte étudiante fut réprimée dans le sang sur ordre du Kremlin et de Mikhail Gorbatchev.

L'histoire se répète à la différence que le Kazakhstan est depuis lors devenu un Etat indépendant et souverain... mais qu'il fait l'objet de nombreux intérêts géopolitiques que nous allons essayer de décrypter. Quant

---

Kazakh est une personne faisait partie de l'ethnie kazakhe qui est dominante dans le pays.

aux grandes capitales européennes qui voient dans l'intervention militaire russe une sorte de bis repetita eu égard à l'Ukraine, les cas sont fondamentalement différents. La Russie est intervenue sur demande du Président Tokaïev dans le cadre d'un accord international qui lie Moscou à Nur-Sultan et d'autres capitales anciennement soviétiques. Quant au Président Poutine, une telle intervention militaire est également une occasion de reconquérir quelque peu d'influence dans un pays où la puissance économique chinoise a en partie éclipsé les intérêts de Moscou depuis une quinzaine d'années. Le grand jeu est en train de se mettre en place, sous nos yeux.

Le Kazakhstan, carrefour stratégique et plaque tournante de l'Asie centrale

Pays situé au cœur de l'Asie centrale, il fait partie de cette région mal connue du monde occidental. Pourtant, aussi discret soit-il sur la scène internationale, il est le neuvième plus grand par sa superficie qui est légèrement supérieure à deux millions sept cent mille kilomètres carrés et une population nationale inférieure à dix-neuf millions d'individus. Sa densité de population est parmi les plus faibles du monde. Le Kazakhstan est un pays essentiellement désertique et ses villes principales sont généralement distantes de plusieurs centaines de kilomètres. En revanche, le pays regorge de richesses naturelles considérables. Réputé pour ses gisements pétroliers et gaziers, il était en 2021 le treizième producteur mondial de pétrole brut. Sa production avoisinait un million six cent mille barils quotidiens. [5] Pour donner un ordre d'idée, sa production est légèrement inférieure à celles de la Norvège et du Mexique, mais supérieure à celles du Nigeria et de l'Angola. Il s'appuie également sur un secteur minier ferreux dynamique favorisé par d'abondantes réserves de

---

[5] https://fr.tradingeconomics.com/country-list/crude-oil-production, site consulté le 1er février 2022

manganèse, de fer ou encore de chrome pour lesquelles le Kazakhstan fait partie des dix plus grands détenteurs mondiaux. Il fait également partie des dix plus grands producteurs mondiaux de charbon et comme indiqué dans la partie introductive, il est de loin le premier producteur mondial d'uranium. Enfin, précisons également que toutes ces ressources naturelles présentent l'immense avantage d'être facilement accessibles et exploitables, à l'instar du pétrole de la péninsule arabique. En somme, ce pays essentiellement composé de steppe a été béni des dieux !

Pour les raisons évoquées ci-dessus, il s'agit effectivement de la principale locomotive politique et économique de la région, à ceci près qu'elle a la particularité de partager des frontières communes avec la Russie et la Chine. Ancienne république soviétique, le Kazakhstan est un Etat indépendant et souverain depuis 1991. Noursoultan Nazarbaïev en fut son premier et par ailleurs unique Président jusqu'à son retrait opéré en 2019. En Occident, rares étaient ceux qui avaient quelque peu entendu parler de ce pays, l'Asie centrale était surtout perçue pour être composée de systèmes autoritaires pilotés par des grandes familles qui accaparaient le contrôle du pouvoir politique tout en défendant d'immenses intérêts économiques qui devaient asseoir leur richesse. Les années de gouvernance Nazarbaïev furent effectivement marquées par des abus de la sorte qui permirent à plusieurs familles de s'enrichir considérablement. Dans les années 2000 et 2010, cela conduisit en Europe au gel de nombreux avoirs bancaires détenus par des personnalités ou institutions kazakhstanaises. De même, il fut reproché au régime une gestion de la vie sociale trop stricte, en décalage avec les valeurs démocratiques prônées par le monde occidental comme lors des événements dramatiques survenus dans la ville de Janaozen en 2011 et faisant référence à une grève d'ouvriers du secteur pétrolier qui s'acheva avec une sévère répression policière. Cet événement marqua les esprits en Europe. Il fut fustigé par le Conseil de l'Europe, cette organisation institutionnelle qui défend les droits de l'Homme dont le Kazakhstan fait partie.

En revanche, c'est précisément sous la présidence Nazarbaïev que le pays a connu une croissance économique dynamique de premier plan grâce à l'exploitation des ressources naturelles. C'est ainsi que dans les années 1990, la capitale nationale fut déplacée dans le centre nord du pays. En effet, le Président Nazarbaïev avait considéré que la ville d'Almaty était trop excentrée car géographiquement proche de la frontière kirghize et surtout de la Chine voisine. Il fut donc décidé de délocaliser le centre décisionnel au milieu de la steppe, à Astana. Contrairement aux idées reçues, les autorités nationales n'ont pas eu la fantaisie de créer une nouvelle ville en plein désert. A l'emplacement actuel de la capitale, il y avait une petite ville qui a connu un immense chantier de construction pour devenir cette cité ultra moderne que certains qualifient de Dubaï de l'Asie centrale. Le centre administratif du pays a donc quitté Almaty mais la ville des pommes [6] est demeurée le principal poumon économique national.

Noursoultan Nazarbaïev n'a pas dérogé à la règle du dirigeant politique souhaitant marquer de son empreinte l'espace et le temps. Il a effectivement érigé Astana mais il ne faut pas y voir un souhait capricieux de vouloir transférer une nouvelle capitale dans la steppe désertique : cette décision était le fruit d'une réflexion mûrie. Il était judicieux de doter le pays d'un centre du pouvoir qui soit plus central au regard de la géographie nationale. D'autre part, il a été un grand gestionnaire d'Etat car au-delà du développement économique dynamique du Kazakhstan, il a

---

[6] Note de l'auteur : c'est la signification d'Almaty en langue kazakhe

été l'artisan d'une politique diplomatique subtile pour laquelle il a admirablement su défendre les intérêts nationaux. Au regard des richesses naturelles et de la position géographique du pays, il a fallu faire montre de grandes capacités de gouvernance pour savoir contenter les intérêts de nombreuses puissances étrangères sans que cela ne devienne une menace pour la stabilité du régime. Il n'était pas aisé de diriger un pays convoité pour ses richesses naturelles tandis que la Russie, la Chine, les Etats-Unis, l'Union européenne (UE) voire l'Inde souhaitaient y défendre différents intérêts, certains étant naturellement antagonistes. L'ancien Président a su habilement manœuvrer au sein de ces intérêts internationaux et promouvoir le Kazakhstan. C'est ainsi qu'en décembre 2012, il annonça la création du projet *Kazakhstan 2050 Strategy*. [7] L'objectif annoncé était de faire de cette république centrasiatique une puissance économique devant faire partie des trente plus performantes de la planète. Pour cela, Noursoultan Nazarbaïev misa sur la promotion de nouveaux secteurs d'activité comme le tourisme ainsi que le développement durable. Son ambition a toujours été de rendre son pays attractif tout en ne tombant pas sous le joug d'une influence étrangère. De ce point de vue, il a été l'homme d'Etat qui a su faire connaître et reconnaître son pays sur la scène internationale. Pourtant, rien ne garantissait qu'il pût moderniser le Kazakhstan de la sorte.

Le difficile héritage de l'époque soviétique

La fin de la guerre froide eut une incidence terrible pour l'Union soviétique puisqu'elle mena à son éclatement. Le modèle de gouvernance soviétique avait définitivement atteint ses limites. Malgré les politiques de reconstruction (*perestroïka*) et de transparence (*glasnost*) menées par

---

[7] https://kazakhstan2050.com/, site consulté de 31 janvier 2022 Note de l'auteur : c'est un programme de développement économique et d'objectifs à atteindre à l'horizon 2050.

Mikhail Gorbatchev, ces dernières survinrent trop tard. La situation était irréversible. La grande URSS ne pouvait plus cacher ses difficultés économiques et sociales. Le colosse reposait sur des pieds d'argile. Il n'allait plus tarder à s'effondrer. Quelques signes avaient déjà alerté le monde occidental avec notamment la mauvaise gestion de crise opérée par les autorités soviétiques faisant suite à la catastrophe nucléaire de Tchernobyl survenue en avril 1986. De même, le pays qui misait encore sur les ventes de pétrole connut un coup rude avec l'inondation du marché pétrolier mondial opérée par l'OPEP (cette opération résultait initialement d'un accord Etats-Unis-Arabie saoudite, le royaume wahhabite ayant ensuite réussi à convaincre les autres membres du cartel d'augmenter leur production de pétrole), ce qui eut pour conséquence la chute brutale des prix d'échange de l'or noir. Le préjudice économique fut considérable. En juillet 1986, le baril s'échangeait alors autour de 10$. L'économie soviétique se retrouva donc sévèrement impactée quelques semaines après la catastrophe de Tchernobyl… Enfin, en interne, tout allait de mal en pis. Certains peuples s'opposaient clairement à l'esprit soviétique et demandaient à s'émanciper de Moscou. Ce contexte pesant ne faisait qu'annoncer les futures guerres d'indépendance qui marqueraient la fin effective de l'URSS.

En Occident, on oublie souvent que les Etats nouvellement indépendants et souverains créés à l'issue de la dislocation de l'URSS ne résolurent pas leurs problèmes sociaux dès l'instant où ils quittèrent le navire soviétique. Presque tous connurent de grandes difficultés pour ériger un esprit national, peut-être à l'exception des Etats baltes ou de la Biélorussie.

Les anciennes républiques soviétiques caucasiennes et centrasiatiques ont subi les politiques staliniennes de déplacement des populations. L'ancien maître absolu du Kremlin opta en son temps pour la politique de « diviser pour mieux régner ». Il fonda sa réflexion sur une obsession : faire en sorte qu'aucune région ne s'expose au risque d'une déstabilisation locale émergeant d'une ethnie dominante. C'est ainsi que de nos jours il existe encore tant de problèmes de cohabitation des ethnies dans plusieurs pays d'ex-URSS. L'Asie centrale n'échappe pas à cette règle. Au Kazakhstan, de nombreuses ethnies cohabitent. Elles sont plus d'une centaine. Si l'ethnie kazakhe est dominante et majoritaire, les Russes, les Tatars, les Ouzbeks, les Kirghizes, les Tadjiks, les Allemands, les Ouïghours ou encore les Coréens font partie des nombreuses ethnies qui composent le Kazakhstan. Entre certaines, les relations sont parfois difficiles. C'est ainsi que les relations diplomatiques entre le Kazakhstan et l'Ouzbékistan sont complexes et mènent parfois à la fermeture des frontières entre les deux pays. Cela fut sans doute une autre grande réalisation de Noursoultan Nazarbaïev : avoir su conserver une stabilité socio-politique sur l'ensemble du territoire national. Cependant, il fallut pour cela astreindre la population à des règles strictes. Pour éviter toute forme de désordre incontrôlable, il imposa l'ordre. Aux yeux du monde occidental, il conservera sans doute l'image d'un despote. Toutefois, à sa décharge, il dut composer avec une réalité géopolitique régionale complexe (au regard des intérêts économiques et stratégiques de diverses puissances étrangères) tandis que le pays voulait s'engager dans une modernisation économique rendue difficile en raison de la mauvaise cohabitation des ethnies.

Une émergence économique réalisée au travers d'un savant jeu d'équilibre diplomatique

Une main de fer dans un gant de velours. La ruse du renard et la force du lion. L'un et l'autre correspondent à la gouvernance Nazarbaïev pendant près de trois décennies. Il fut un habile et remarquable négociateur sur la scène internationale. Il fut également l'homme qui imposa l'autorité au Kazakhstan. Il est surtout le dirigeant qui permit à son pays de s'engager dans la voie de la modernisation économique. Les premières années de gouvernance furent compliquées mais liées à l'effondrement de l'URSS et à la promotion des économies nationales des nouveaux Etats créés qui devait alors se mettre en place. D'après la Banque Mondiale, le Kazakhstan connut des taux de croissance économique performants à compter de 1999. Les meilleures années, ils étaient compris entre 8 et 10%. Ce taux atteignit 13,5% en 2001.[8] L'embellie économique a correspondu en partie à la hausse des prix d'échange des hydrocarbures ainsi qu'à l'augmentation des capacités de production dans le secteur minier. Le Kazakhstan a augmenté les volumes d'exportation tandis qu'en interne, il s'attacha à développer son secteur financier et à dynamiser d'autres secteurs d'activité comme la construction immobilière. Les années 2008 et 2009 furent plus délicates en raison de la crise financière mondiale mais la décennie 2010, à l'exception de 2015 et de 2016, connut des taux de croissance annuelle du PIB supérieurs à 4%. [9] Ces performances économiques ont été rendues possibles en raison de l'abondance des richesses naturelles nationales. Cela étant, elles ont été réalisées dans un contexte géopolitique complexe.

Lorsqu'on détient autant de ressources naturelles, on attire fatalement la convoitise de ceux qui cherchent à en acheter voire à les exploiter. Après l'éclatement de l'URSS, la Russie conserva des liens privilégiés avec le Kazakhstan. Le contexte d'alors était le suivant : Astana était en pleine construction, Moscou en reconstruction et Pékin

---

[8] « *Croissance du PIB (% annuel) - Kazakhstan* », donnees.banquemondiale.org, site consulté le 31 janvier 2022
[9] *Ibidem.*

commençait à voir son économie nationale émerger. Quant aux Américains et aux Européens, ils étaient déjà là ! Plusieurs grandes sociétés occidentales des hydrocarbures sont d'importants actionnaires des consortiums qui exploitent les gisements de Tengiz, Karachaganak ou encore Kashagan. Pour les deux premiers cités, les découvertes furent faites alors que le Kazakhstan faisait encore partie de l'URSS. Lorsque le pays devint indépendant, des sociétés d'exploitation furent créées et c'est ainsi que les grandes sociétés occidentales eurent la possibilité d'accéder aux richesses naturelles locales. L'idée était double : travailler avec des partenaires étrangers qui disposaient des technologies et des moyens financiers pour développer l'exploitation des gisements. D'autre part, c'était également un moyen d'établir des liens avec le monde occidental et de se prémunir contre une influence politique russe trop importante alors que cette dernière essayait de se remettre et de digérer la disparition de l'URSS. Pourtant, la Russie retrouva rapidement fière allure. Une décennie suffit pour en refaire une puissance étatique qui comptât au sein de la communauté internationale, notamment dans les années 2000 lorsqu'elle bénéficia de la hausse des prix d'échange du pétrole. L'influence russe en Asie centrale allait toutefois être contrariée par la montée en puissance économique de la Chine qui s'opéra en même temps. Pékin avait pour priorité de sécuriser ses approvisionnements en pétrole et en gaz naturel et avait décelé dans les républiques centrasiatiques productrices une volonté de diversifier leurs partenariats stratégiques avec des puissances étrangères. Les investissements chinois changèrent alors la donne en Asie centrale. D'ailleurs, de nouvelles routes de pipelines virent le jour et se firent au détriment de la Russie puisque les pays de la région demeuraient malgré tout dépendants des réseaux de pipelines existants qui remontaient systématiquement vers la Russie. C'est ainsi que le

Kazakhstan, l'Ouzbékistan et le Turkménistan ne virent pas d'un mauvais œil l'opportunité de créer de nouveaux réseaux d'oléoducs et de gazoducs ne transitant pas par la Russie.

Les investissements chinois en Asie centrale s'intensifièrent avec la promotion du projet géant du Président Xi Jinping de restaurer les Routes de la Soie. [10] Toutefois, le Président Nazarbaïev veillait à ne pas se retrouver dans une situation de dépendance vis-à-vis de la Chine dont les ambitions semblaient illimitées. Il lui était donc essentiel de conserver de bonnes relations diplomatiques avec la Russie et d'en faire de même avec ses partenaires occidentaux. C'est en ce sens que la gouvernance Nazarbaïev fut remarquable car l'exercice de style était extrêmement difficile au regard des enjeux internationaux débattus par différentes puissances étrangères. Il sut ménager les susceptibilités des uns et des autres, c'est-à-dire qu'il parvint à satisfaire ses partenaires stratégiques tout en dynamisant l'attrait économique de son pays et de contribuer à sa modernisation.

Le problème majeur qui allait se poser au regard de la toute-puissance du clan présidentiel devait s'orienter sur la succession politique le jour où Noursoultan Nazarbaïev quitterait le pouvoir. En effet, malgré qu'il ait imposé un régime autoritaire, il a été un orfèvre dans le management de son pays tout en faisant montre d'un grand charisme. Il sut imposer l'autorité mais il lui fallait prévoir sa succession et faire en sorte qu'elle ne fût pas chaotique.

Après quasiment trois décennies au pouvoir et considérant que la population nationale est jeune, une majorité de Kazakhstanais n'a connu que lui seul comme

---

[10] Voir Thierry Pastor, *Le pouvoir obscur: les nouvelles armes*, 2022, 262 pp.

chef de l'Etat. Or, il a été celui qui a permis au Kazakhstan de se faire un nom au sein de la communauté internationale. Pour tout successeur, il fallait considérer l'aura du personnage et prendre la mesure du travail accompli sur la scène internationale tandis qu'il ne fallait pas occulter les difficultés sociales internes. Lorsqu'il démissionna de la présidence de la République en 2019, une question s'éleva : qu'allait-il se passer au Kazakhstan ?

Un chaos politique malheureusement prévisible

Il est toujours risqué de succéder à un homme qui a tenu les rênes du pouvoir aussi longtemps dans un pays. Lorsque Kassym-Jomart Tokaïev prit la relève, c'est à ce moment-là que nous avons craint pour le Kazakhstan. Pourtant, rien de mauvais ne se passa, comme si la succession avait été minutieusement orchestrée. Il faut admettre que le nouveau Président par intérim n'était pas un inconnu pour les Kazakhstanais puisqu'il fut naguère ministre des Affaires étrangères du pays, Premier ministre, directeur général de l'office des Nations Unies à Genève et par deux fois Président du Sénat. En d'autres termes, son expérience politique parlait pour lui de même qu'il avait pu se faire un nom sur la scène internationale. En somme, avec un tel profil, il était logique que Kassym-Jomart Tokaïev succédât à Noursoultan Nazarbaïev dont il fut par ailleurs très proche. Cela l'était d'autant plus que la Constitution nationale prévoyait qu'en cas de vacance du pouvoir, l'intérim fût assuré par le Président du Sénat. Or cette responsabilité était alors assurée par Kassym-Jomart Tokaïev. L'heure du fils spirituel avait sonné de prendre les rênes du pouvoir. Quant au père de l'indépendance nationale, il se retirait officiellement des arcanes du pouvoir… ainsi pouvait-on le penser.

En réalité, il conserva la présidence du Conseil de sécurité qui lui permettait de garder une influence certaine sur la vie politique nationale tandis qu'en quittant la présidence de la République, il devint un membre du Conseil constitutionnel. Survint alors la première décision officielle du nouveau Président par intérim : débaptiser Astana pour lui attribuer l'appellation Nur-Sultan, en hommage à Noursoultan Nazarbaïev ! Le message était clair : il entendait présider le pays dans la continuité de ce qui fut mis en place par son prédécesseur. La manœuvre était habile mais elle ne lui assurait pas pour autant d'être accepté par le peuple en qualité de successeur désigné. Kassym-Jomart Tokaïev prit le soin d'organiser des élections présidentielles anticipées qui lui assurèrent une majorité confortable de l'ordre de 70% tandis que le taux de participation fut proche de 80%. Il obtint certes moins de voix que son prédécesseur qui n'avait jamais remporté un scrutin présidentiel avec moins de 80% des votes exprimés. Kassym-Jomart Tokaïev avait acquis la légitimité pour assurer la succession politique du pays. En Occident, pour ceux qui suivirent l'affaire, la cause était entendue pour le Kazakhstan : le nouveau Président allait s'inscrire dans les pas de son prédécesseur qui continuait par ailleurs de garder un œil attentif sur la gestion du pays. Ainsi donc, tout s'était déroulé en douceur.

Lorsque les événements se déroulèrent, nous avions initialement craint que différentes personnalités puissantes du pays cherchassent à accéder au pouvoir par tous les moyens. En effet, il existe au Kazakhstan différentes familles très puissantes qui n'étaient pas spécialement connues pour être proches du clan Nazarbaïev. C'est pour cette raison que nous redoutions le jour où Noursoultan Nazarbaïev quitterait le pouvoir. En réalité, tout avait été minutieusement préparé. Dès le lendemain de l'annonce de sa démission, sa fille Dariga prit la présidence du Sénat. Il parvint à obtenir une place de choix pour son neveu Samat Abich en le propulsant premier vice-président des services de renseignement du pays. En clair, s'il n'était officiellement plus le Président tout-puissant, il avait réussi à conserver une grande influence dans la vie institutionnelle du Kazakhstan. Tout convergeait donc pour que la transition politique s'opérât dans les meilleures conditions.

C'est alors que l'impensable se produisit en mai 2020. Par décret présidentiel, en pleine crise sanitaire Covid-19, Dariga Nazarbaïeva fut renvoyée de ses fonctions de Présidente du Sénat. Aucune explication officielle ne fut fournie. Ce fut un coup de tonnerre. Jamais un Président du Sénat du Kazakhstan n'avait été renvoyé de la sorte par le Président de la République. De plus, jamais personne n'avait osé humilier ainsi un membre du clan Nazarbaïev. Que se passait-il donc ? Le Président de la République avait-il soudainement envie de montrer qu'il était le patron et qu'il n'entendait pas gouverner avec l'ombre omniprésente de la famille Nazarbaïev ?

En Occident, la question qui se posait alors était d'essayer de comprendre les raisons d'un tel renvoi. La première idée qui en ressortit défendait la thèse que Kassym-Jomart Tokaïev était en train d'opérer un coup de balai dans son pays en vue d'en prendre sérieusement le contrôle tout en dissuadant quiconque de vouloir trop s'approcher des arcanes du pouvoir suprême. Pendant ce temps, le chef du Comité de Sécurité nationale (les services de renseignement) n'était autre que Karim Massimov, en poste depuis 2016. Ce dernier avait la particularité d'être également très proche de Noursoultan Nazarbaïev puisqu'il en fut son chef de gouvernement à deux reprises. Cette précision est importante car il sera limogé le 5 janvier 2022 et arrêté trois jours plus tard… Cela intervint quelques jours après les échauffourées et autres protestations nées dans la région caspienne en raison de la hausse des prix du gaz. Or tout s'enchaîna à grande vitesse. Les mouvements de protestation gagnèrent Almaty, ville pourtant très distante de la mer Caspienne. C'est ainsi que le Kazakhstan fit l'actualité de la presse internationale en ces premiers jours de l'année 2022 avec la hausse des prix du gaz, des protestations populaires et une escalade de violence dans les grandes villes du pays. A cela, on y ajoute un ordre dicté par le Président de la République aux forces armées de tirer dans la foule pour rétablir l'ordre, l'appel fait à la Russie d'envoyer des troupes militaires pour prêter main forte et l'arrestation du patron des services de renseignement tandis que Kassym-Jomart Tokaïev évince définitivement Noursoultan Nazarbaïev de sa fonction de chef du Conseil de sécurité… Saupoudrez le tout d'une démission du gouvernement, d'une coupure temporaire mais à durée indéterminée de la connexion internet sur l'ensemble du territoire national et vous avez effectivement de bonnes raisons de penser qu'un homme est en train d'imposer sa loi en toute impunité ! Lorsque les informations furent relayées en Occident, la première impression fut que le Président de la République était en train d'organiser un coup d'état dans son pays et qu'il se dotait des moyens nécessaires pour écarter définitivement du pouvoir la famille Nazarbaïev. Cette interprétation des faits est malheureusement fausse. Le Président Tokaïev n'a fait que rétablir l'ordre dans un pays qui était effectivement au bord du chaos mais pas en raison de la hausse des prix du gaz. L'explication est ailleurs. A l'évidence, le monde occidental n'a pas reçu les bonnes informations. Plus exactement, les faits reportés sont vrais mais c'est l'interprétation de ces derniers qui est erronée.

Ce qu'il s'est réellement passé

La réalité est beaucoup plus complexe. De nombreux amalgames ont été faits. L'agitation qui a animé Almaty n'est pas liée à l'affaire du doublement des prix du gaz au 1er janvier 2022. Dans la région caspienne, il y a effectivement eu des mouvements de protestation contre cette augmentation tarifaire mais le problème a été réglé dans les plus brefs délais par le Président Tokaïev. Les événements survenus à Almaty, pour lesquels des scènes de grande violence furent relatées, ne résultent pas d'un mouvement de protestation critiquant la hausse des prix du gaz. Il se trouve qu'il y avait au sein des manifestants des gens qui réclamaient le départ définitif de la famille Nazarbaïev des arcanes du pouvoir national. D'autres manifestants étaient tout simplement venus pour donner une autre dimension au chaos ambiant, notamment en s'en prenant à la mairie d'Almaty. Ces gens avaient pour particularité, pour la plupart, de ne pas être de nationalité kazakhstanaise. Beaucoup venaient d'Ouzbékistan, du Kirghizstan ou encore du Tadjikistan. Certains étaient par ailleurs connus des services de renseignement nationaux pour être proches d'organisations islamistes. C'est ainsi que le patron des services de renseignement Karim Massimov fut démis de ses fonctions et arrêté trois jours plus tard pour haute trahison. Ces opérations d'agitation auraient en définitive été préparées dans l'ombre pour tenter de déstabiliser le régime de l'intérieur. Les protestations nées sur la côte caspienne n'ont en réalité été que le prétexte visant à mettre le feu aux poudres à Almaty. Plusieurs sources nous ont confirmé que les agitateurs étaient présents dans l'ancienne capitale du pays depuis plusieurs semaines, ce qui tendrait à renforcer la thèse que les tumultes de ce début d'année étaient planifiés. Il fallait simplement trouver le bon motif pour les légitimer. Cette vision n'est pas celle qui a été présentée par les médias occidentaux.

Lorsque ces derniers firent état d'une demande du Président Tokaïev de faire intervenir des troupes russes sur son territoire, la première réaction fut de considérer que l'aubaine était grande pour Vladimir Poutine de s'investir au Kazakhstan. En d'autres termes, il fut imaginé que le

Kazakhstan connaîtrait le même sort que l'Ukraine. Pour appuyer cette pensée, encore faut-il rappeler le contexte électrique se déroulant à la frontière ukrainienne où les Russes et l'OTAN jouent au chat et à la souris. Pour ce qui est du Kazakhstan, le contexte est différent. Le Président Tokaïev a activé une disposition d'un accord politico-militaire multipartite fondé en 2002, l'Organisation du traité de sécurité collective, qui regroupe la Russie, le Kazakhstan, l'Arménie, la Biélorussie, le Kirghizstan et le Tadjikistan. L'intervention militaire sollicitée par le Président de la République était fondée dans la mesure où il importait d'assurer l'intégrité du territoire, de maintenir la paix mais également de lutter contre le terrorisme. En filigrane, les interprétations occidentales ont sans doute été influencées par des faits que nous n'avons pas pour coutume d'imposer dans nos contrées comme la coupure de la connexion internet ou l'ordre donné aux forces de sécurité de « tirer pour tuer ». Lorsqu'il fut précisé que Moscou apportait son soutien à Kassym-Jomart Tokaïev, le raccourci fut de considérer que Vladimir Poutine défendait un dictateur et que c'était ainsi une manière de narguer ses détracteurs, une fois de plus en plein contexte sensible au regard de l'Ukraine. Non, le Président de la Russie n'a fait que répondre favorablement à un chef d'Etat demandant une aide justifiée par un traité multilatéral. L'ordre donné aux forces policières de tirer pour tuer a indigné en Occident dans la mesure où la première idée était de redouter un bain de sang décidé en vue d'assurer le pouvoir élargi du Président de la République. Les forces de l'ordre ont effectivement tiré. Il y a eu des morts et de nombreuses arrestations. Certaines étaient probablement des personnes présentes au mauvais endroit et au mauvais moment. C'est possible. En revanche, la plupart des victimes étaient en réalité ciblées par les forces de l'ordre. En tout cas, les scènes de chaos dans Almaty étaient circonscrites au quartier de la Place de la République. Il ne faut pas croire que la ville était en état de siège voire de guerre. Les images des émeutes qui ont circulé dans les médias inspiraient effectivement l'inquiétude, que l'escalade des tensions ne soit plus sous contrôle. D'ailleurs, là où le monde occidental a manifesté son indignation, Vladimir Poutine et Xi Jinping n'ont pas manqué de saluer la décision du Président Tokaïev de rétablir l'ordre de la sorte. Quant à Noursoultan Nazarbaïev, il a curieusement disparu de la circulation pendant plusieurs jours. Le 19 janvier 2022, il est apparu dans les médias nationaux pour annoncer sa retraite des affaires politiques du pays. Cela induit aussi que son clan familial s'est résolu à en faire autant et de se retirer des affaires économiques où il était très bien implanté. [11] Un chapitre de l'histoire nationale venait vraisemblablement de se refermer. Cette apparition publique annonçait ainsi le clap de fin aux tensions apparues quelques temps auparavant. Elle a probablement fait l'objet d'une négociation du clan Nazarbaïev avec les autorités du pays portant sur un retrait définitif de la vie politique et économique contre une renonciation à des poursuites judiciaires de la part de l'Etat. En clair, tout cela met fin à un épisode dramatique qui a en réalité consisté à tenter de faire tomber le Président de la République. Il s'avère que les instigateurs ont échoué. Kassym-Jomart Tokaïev n'a pas cédé à la panique et a rétabli l'ordre. C'est ainsi qu'il faut comprendre les événements chaotiques qui ont secoué Almaty et plus globalement le Kazakhstan en ce début d'année 2022. Il faut par ailleurs comprendre que la Russie et la Chine étaient sans doute bien renseignées sur ce qui était en train de se tramer contre la Présidence de la République. Leur soutien apporté à Kassym-Jomart Tokaïev ne faisait que traduire une convergence d'intérêts à défendre, notamment en matière sécuritaire. En bref, le clan Nazarbaïev a été lâché par ses anciens alliés. Noursoultan

---

[11] Emmanuel Grynszpan, « *Au Kazakhstan, Nazarbaïev réapparaît pour annoncer sa retraite* », www.lemonde.fr, 19 janvier 2022

Nazarbaïev avait maintenu d'excellentes relations diplomatiques avec la Russie et renforcé ses relations autant diplomatiques qu'économiques avec la Chine. Quant au Président Tokaïev, il a surmonté une crise interne d'une ampleur jamais connue depuis l'indépendance du pays. En revanche, il est certain que ses décisions sont demeurées incomprises en Occident. Dans tous les cas, elles vont avoir une incidence au niveau de la géopolitique de l'Asie centrale.

Les enjeux géopolitiques perturbés

Les événements de ce début d'année ne doivent pas faire oublier que l'Asie centrale demeure une région largement méconnue en Occident mais pour laquelle il est préférable de comprendre les grands enjeux qui s'y jouent. En effet, il s'agit d'une grande aire géographique qui comprend les anciennes républiques soviétiques de la zone mais également l'Afghanistan qui jouxte le Turkménistan, l'Ouzbékistan et le Tadjikistan. Est-il besoin de rappeler que ce pays en guerre depuis près de cinq décennies partage des frontières avec l'Iran et le Pakistan ? En présentant les choses ainsi, vous avez un petit aperçu des nombreuses problématiques qui font que cette région est sans doute une des plus sensibles de la planète. Il est par conséquent nécessaire que le Kazakhstan ne sombre pas dans le chaos. Il s'agit d'une puissance régionale, qu'elle soit politique ou économique. De plus, les événements de janvier 2022 sont survenus quelques mois à peine après le retrait mouvementé des Occidentaux d'Afghanistan. Il s'agit par conséquent d'une zone où le monde occidental a perdu en influence. Les deux principaux gagnants du rétablissement de l'ordre à Nur-Sultan et à Almaty sont donc Moscou et Pékin. Il n'y a aucune hypocrisie à ce que les deux capitales soutiennent les décisions du Président Tokaïev. En agissant comme il l'a fait, il a sans doute fait passer le message à des organisations proches de mouvances terroristes que le

Kazakhstan poursuivrait ses efforts pour éviter la prolifération de réseaux extrémistes en son sein. Cela arrange donc les affaires de ses voisins russe et chinois. Au-delà de cette considération, c'est tout le grand jeu de l'Asie centrale qui se retrouve perturbé tandis que l'ambiance locale a été passablement troublée par le retour en force des Talibans en Afghanistan.

Il ne faut pas occulter un détail qui a son importance : les cartes géopolitiques sont en train d'être rebattues dans la région. Le pouvoir d'influence de l'Europe et de l'Amérique du Nord semble voué à diminuer au profit de la Russie qui, en intervenant pour soutenir l'action pilotée par le Président Tokaïev, va sans doute essayer de retrouver davantage d'influence perdue en partie à cause des investissements massifs de la Chine qui avaient rapproché Nur-Sultan de Pékin. Le Kazakhstan tourne la page après vingt-huit années de règne absolu du clan Nazarbaïev. D'ailleurs, à l'exception du Kirghizstan où aucun clan n'était jamais parvenu à prendre le contrôle du pays durablement, les autres anciennes républiques soviétiques centrasiatiques ont toutes été menées par des dirigeants forts et destinés à faire régner l'ordre. Il était à craindre au Kazakhstan une succession compliquée comme celle vécue par l'Ouzbékistan à la mort de son leader Islam Karimov. Cela donna lieu à un véritable règlement de comptes interne qui s'opéra au sein des élites dirigeantes. C'est ainsi que la sulfureuse fille de l'ancien Président défunt, Gulnara, se retrouva aussitôt dans le collimateur des nouveaux décideurs du pays. Cela eut pour effet de calmer les ardeurs de ceux qui auraient souhaité se mêler aux joutes de la conquête du pouvoir. Au Kazakhstan, il y a eu quelques similitudes dans la mesure où le Président Tokaïev décida en 2020 d'écarter du pouvoir la fille de Noursoultan Nazarbaïev. C'était un geste fort qui laissait entendre au clan de l'ancien chef de l'Etat qu'une nouvelle ère était en train de voir le jour au Kazakhstan et que la transmission du pouvoir ne serait pas dynastique. Depuis lors, il semblerait que les arcanes du pouvoir national aient fait l'objet de nombreuses intrigues secrètes impliquant également les services de renseignement nationaux et que quelque chose était en cours de préparation. Le problème est que le tout est survenu dans une période délicate au sein d'une région où la moindre étincelle est susceptible d'entraîner des répercussions à grande échelle. En clair, le scénario le plus probable a été celui d'un dernier sursaut de la famille Nazarbaïev de trouver le moyen de compromettre le Président Tokaïev qui lui causait du tort depuis 2020. Ce dernier a manifestement été plus habile.

La lutte contre la poussée de la menace terroriste

Un des principaux fléaux de l'Asie centrale est la menace terroriste. Bien entendu, dès qu'on associe cette région au terrorisme, la première pensée s'oriente vers l'Afghanistan. Il serait bien trop réducteur de ne circonscrire ce risque qu'à la juridiction désormais gouvernée par les Talibans. Le problème de la région est que les frontières sont poreuses. Il est facile pour des réseaux mal intentionnés de se mouvoir. Plus prosaïquement, il existe un arc de cercle partant de l'Iran et allant jusqu'au Xinjiang chinois au sein duquel il est relativement aisé pour des mouvements terroristes de bouger. Autrement dit, l'aire à surveiller est immense. Quant à la topographie du terrain, elle avantage évidemment ceux qui cherchent à circuler discrètement. L'Afghanistan, le Kirghizstan ou encore le Tadjikistan sont effectivement, pour l'essentiel de leur territoire, composés de zones désertiques et de haute montagne. Lorsqu'on connaît les raisons qui ont poussé le Président Tokaïev à ordonner aux forces de l'ordre de tirer, il faut comprendre le contexte régional de lutte contre le terrorisme. Or au Kazakhstan, cela faisait partie des priorités de l'ex-Président Nazarbaïev. Ce dernier avait farouchement combattu toute forme de menace terroriste. Dès les années 2000, les autorités kazakhstanaises se méfiaient et surveillaient déjà les activités de réseaux islamistes qui commençaient à essaimer dans la région d'Almaty notamment, dans le Sud du pays. Elles ne voulaient pas que le pays pût se retrouver face à un phénomène grandissant et qu'elles finissent par ne plus contrôler. Ironie du sort, l'homme arrêté pour avoir prétendument fait venir des sympathisants islamistes pour agiter Almaty et qualifiés de terroristes par le régime n'était autre que Karim Massimov, le chef des services de renseignement, qui servit naguère par deux fois Noursoultan Nazarbaïev comme Premier ministre. Il est notable que l'ancien chef du gouvernement provient de l'ethnie ouïghoure, celle-là même qui est combattue au Xinjiang voisin par la Chine.

Dans les médias occidentaux, quelques jours après les émeutes d'Almaty, il était fait référence à une communication officielle des autorités kazakhstanaises faisant part d'une opération anti-terroriste. Généralement, les informations, telles que relayées en Occident, semblent plutôt douter de la version officielle, préférant ainsi évoquer cette opération avec prudence voire une orientation qui laisse entendre au récipiendaire du message que les justifications officielles sont à prendre avec des pincettes.

Une fois de plus, reprenons le cours des événements et la manière dont tout fut exposé dans les médias occidentaux. L'impression générale était celle d'un coup d'état interne perpétré par le Président de la République pour définitivement mettre à l'écart le clan Nazarbaïev. En d'autres termes, la fameuse opération anti-terroriste n'aurait été qu'un prétexte pour justifier la répression dans les rues puis les arrestations de plusieurs centaines d'individus pendant et après les événements d'Almaty. Pour les Occidentaux que nous sommes, cette présentation du contexte ambiant tient la route. C'est effectivement un scénario crédible. Le problème est que le Kazakhstan lutte déjà farouchement contre le terrorisme et que parmi les personnes arrêtées, plusieurs, dont des citoyens kazakhstanais, étaient connues pour aller combattre aux côtés d'organisations qui continuent de perturber l'équilibre précaire du Moyen-Orient. Deuxièmement, doit-on penser que la Chine et la Russie aient apporté leur soutien à la gestion de crise menée par le Président Tokaïev par simple esprit de contradiction vis-à-vis du monde occidental ? Si nous répondons affirmativement, c'est que nous méconnaissons les problématiques régionales. La Russie et la Chine sont des pays qui combattent fermement toute forme de menace terroriste. Le Kazakhstan partage des frontières communes avec ces deux géants eurasiens. Lorsque la Russie constate le retour aux affaires des Talibans en Afghanistan ainsi que le retour au pays de combattants centrasiatiques ayant apporté leur soutien à des organisations terroristes, elle ne veut évidemment pas que ces derniers acquièrent de l'influence au Kazakhstan et que cette dernière puisse ensuite se diffuser sur le territoire russe. Quant à la Chine, elle combat les Ouïghours dans le Xinjiang qu'elle dénonce comme représentant une menace terroriste. Bien que l'Occident reproche à la Chine son acharnement contre le peuple ouïghour, le pays a toutefois connu une vague sans précédent d'attaques terroristes à Pékin et dans le Xinjiang en 2013 et 2014. [12] C'est ce qui a « légitimé » l'action des autorités dirigeantes d'intensifier la lutte contre le terrorisme et l'extrémisme dans la partie occidentale du pays, qui jouxte par ailleurs le Kazakhstan. Qu'il s'agisse de la Russie ou de la Chine, les deux pays ont effectivement connu des vagues de terrorisme attribuées à des organisations islamistes. C'est ce qui pousse l'un et l'autre à regarder de près la gestion de crise au Kazakhstan.

---

[12] Marc Julienne, « *La lutte contre le terrorisme et l'extrémisme au Xinjiang : quelles méthodes pour quels résultats ? Etat des lieux et perspectives* », www.sciencespo.fr, 2019

C'est sans doute la raison principale expliquant l'approbation des ordres donnés par le Président Tokaïev aux forces de l'ordre. Ces décisions sont critiquées en Occident car nous ne sommes pas coutumiers de ce type de gestion de crise. La manière de faire choque. Dans ces régions, la vision ou l'appréhension des choses est différente. Il ne nous appartient pas d'émettre un quelconque jugement sur les décisions prises par la présidence de la République kazakhstanaise. Nous voulions juste apporter quelques éclaircissements par rapport à une situation complexe, pour laquelle de nombreuses informations factuelles ont été diffusées mais pour lesquelles l'analyse n'était pas toujours bonne.

Conclusion

En ce début d'année, au regard de l'actualité et de la manière dont elle était relayée, nous avons soudainement eu l'impression que le Kazakhstan s'avançait dangereusement vers une guerre civile. Contestations populaires montant en intensité, répression stricte, arrestations arbitraires, tensions politiques internes, intervention militaire étrangère, démission du gouvernement national, tous ces éléments réunis laissaient effectivement craindre le pire. Pendant plusieurs jours, toute connexion à internet fut coupée dans le pays, ce qui eut pour effet de l'isoler. Pendant plusieurs jours, nous n'avons plus eu de nouvelles de nos amis, constatant ainsi que ces derniers n'avaient pas pu lire les messages que nous leur avions envoyés. L'inquiétude grandissait. Qu'était donc en train de faire Kassym-Jomart Tokaïev ? Au regard des informations qui circulaient dans les médias, l'impression était celle d'un coup d'état orchestré par le Président de la République en personne afin d'écarter toute forme de menace, c'est-à-dire le clan de son prédécesseur. Tous les ingrédients étaient réunis pour comprendre les choses de la sorte. Lorsqu'on connaît l'Asie centrale, son histoire et ses peuples, quelque chose ne collait pas. De plus, la Russie et la Chine avaient soutenu la gestion de crise par le Président Tokaïev. Simple provocation à l'égard du monde occidental ? Nous aurions pu le croire mais ce n'était pas le cas. Ces deux géants eurasiatiques ont sincèrement soutenu l'action présidentielle et ont ainsi affiché leur distanciation vis-à-vis de l'ancien leader national, Noursoultan Nazarbaïev. En réalité, la situation au Kazakhstan était bien plus confuse que ce qui était présenté dans les médias occidentaux.

Il était important à nos yeux de contextualiser cette crise, d'évoquer l'histoire du pays, celle de l'époque soviétique puis celle de l'indépendance nationale. Il était important de comprendre ce qu'est l'Asie centrale, d'expliquer les grandes problématiques géopolitiques régionales mais également les luttes d'influence qui impliquent les plus grandes puissances politiques et économiques de la planète. Il était important de montrer comment le Kazakhstan, au regard de sa position géographique et de l'abondance de ses richesses naturelles, a été contraint de gérer ses relations diplomatiques avec subtilité tout en veillant à maintenir l'ordre en son sein en raison de tensions ethniques qui peuvent à tout moment dégénérer et produire une dangereuse escalade des tensions. Tout cela, le monde occidental le méconnaît dans ses grandes largeurs.

Le Kazakhstan occupe non seulement une position centrale dans cette région d'Asie mais il importe qu'il ne bascule pas dans le chaos en raison d'un risque élevé de propagation des problèmes locaux dans les pays alentours. Or les problèmes peuvent se répandre à très grande vitesse. Pendant de longues années, notre crainte a porté sur l'après-Nazarbaïev. Quid du Kazakhstan une fois que le leader charismatique aurait quitté le pouvoir ? Aurait-il pris le soin d'assurer la transition politique ou bien assisterait-on à une effroyable lutte entre personnalités ambitieuses ? La question se posait légitimement. Beaucoup de Kazakhstanais n'avaient connu que Noursoultan Nazarbaïev en qualité de chef d'Etat. On n'imagine pas assez en Occident le traumatisme que cause le départ naturel ou forcé d'un leader, démocrate ou autoritaire, au sein d'une population. Nous gardons en mémoire les images de gens pleurant la mort de dictateurs ayant contribué à la mort de nombreux individus. Ces pleurs seraient donc marqués par une hypocrisie à peine dissimulée ? Non. Ils sont sincères. Bien que beaucoup aient souffert des décisions du régime politique, la perte d'un leader, à plus forte raison dans les systèmes autoritaires, est vécue comme un véritable traumatisme qui peut être assimilé à la question suivante : et maintenant, que va-t-on devenir ? C'est une véritable perte des repères qui s'opère au sein de la société et l'expression collective d'une crainte à venir. Lorsque la transition politique est impréparée ou mal assurée, les risques de basculement vers le chaos sont d'autant plus élevés. C'était notre crainte pour le Kazakhstan.

Grande fut notre surprise lorsque Noursoultan Nazarbaïev annonça publiquement son retrait officiel et avec effet immédiat de la présidence de la République. Cette annonce résonna comme un coup de semonce. L'effet de surprise passé, avec quelques jours de recul, il nous apparut que cette décision semblait mûrement réfléchie et qu'elle augurait une transition politique minutieusement préparée. L'emblématique père de l'indépendance, certes vieillissant, ne donnait pas l'impression d'être souffrant. De même, en devenant aussitôt membre du Conseil constitutionnel et en conservant sa fonction de chef du Conseil de sécurité du Kazakhstan, nous avions alors compris qu'il ne disparaissait pas complètement des affaires. Officiellement, il n'était plus le patron mais il ne s'écartait pas pour autant des arcanes du pouvoir. Ce sentiment fut renforcé lorsque sa fille Dariga devint aussitôt la Présidente du Sénat. En d'autres termes, elle fut promue numéro deux du régime. Le Président intérimaire, Kassym-Jomart Tokaïev, était un proche du clan Nazarbaïev. Une conclusion s'imposait : si le vieux lion semblait s'effacer, il avait soigneusement préparé son départ pour permettre à son clan de conserver les leviers du pouvoir politique et économique dans le pays. Cependant, cette méticuleuse préparation n'était pas dénuée de risques. Premièrement, Dariga Nazarbaïeva n'était pas la personnalité la plus populaire du clan familial. De plus, une rumeur commença à courir à Nur-Sultan : la fille et le père auraient commencé à manifester des désaccords alors que cette dernière était prétendument programmée pour prendre la succession à la tête du pays. En somme, il ne s'agissait que d'une similitude avec le clan Karimov en Ouzbékistan où la fille Gulnara s'était érigée contre son propre père. Au Kazakhstan, la situation était cependant différente. Lors des présumées tensions, Dariga Nazarbaïeva était encore députée au Majilis. Finalement, elle devint vice-premier ministre du pays avant d'être élue au Sénat et de connaître cette carrière politique ascendante aboutissant à la présidence de cette chambre parlementaire. En effet, elle était le successeur désigné de Noursoultan Nazarbaïev. Deuxièmement, pour prendre la succession de son père, encore fallait-il que le Président intérimaire lui en donnât l'opportunité. Kassym-Jomart Tokaïev organisa des élections présidentielles en juin 2019 qu'il remporta… deux mois et demi après l'annonce du retrait de Noursoultan Nazarbaïev de ses fonctions exécutives. Il y avait deux lectures possibles : soit le scénario était convenu et Dariga Nazarbaïeva attendrait patiemment son heure tout en maintenant le pouvoir d'influence de sa famille dans la vie politique et économique du pays ; soit le nouveau Président élu avait manifesté la ferme intention de devenir le véritable patron du Kazakhstan. Avec le recul, la deuxième hypothèse était sans doute la bonne. Lorsqu'il devint le Président intérimaire, il hérita des prérogatives de puissance publique de son prédécesseur. Le Président de la République du Kazakhstan est l'homme fort du système. C'est prévu dans l'article 2 de la Constitution nationale. Toute la difficulté consistait alors à manœuvrer habilement. Il était impensable d'écarter brutalement du pouvoir le clan Nazarbaïev. C'était risqué et sans doute dangereux pour la stabilité socio-politique du pays. Il fonctionna par à-coups. On lui avait imposé Dariga Nazarbaïeva comme numéro deux du régime. Or il connaissait son impopularité. Lorsqu'elle fut écartée de la présidence du Sénat en mai 2020, ce fut une immense surprise car on touchait à la famille Nazarbaïev. Pire, cela n'avait jamais été fait sous la présidence de Noursoultan Nazarbaïev. Kassym-Jomart Tokaïev entendait montrer son autorité et indiquer au peuple qu'il n'était pas soumis à une quelconque forme d'influence. Pourtant, lorsqu'il prit officiellement les commandes du pays, l'impression dominante en Occident était celle d'un homme élu campant le rôle d'un exécutant d'ordres reçus en amont. On lui prêtait ainsi des qualités de diplomate et de ne pas être ambitieux au point de vouloir prendre en main la destinée de son pays. A ce jour, nous sommes convaincus qu'il n'a jamais eu pour intention d'être un chef d'Etat fantoche.

Considérant cet exposé de l'histoire politique récente du Kazakhstan, nous comprenons mieux que les événements chaotiques de janvier 2022 ne résultent pas uniquement de cette histoire de hausse des prix du gaz. Elle a effectivement fait l'objet de protestations mais qui n'ont aucunement dégénéré en émeutes. Les revendications populaires ont été prises en considération par la présidence de la République, consciente de la réalité économique défavorable au plus grand nombre : crise sanitaire de la Covid-19, dévaluation du *tenge* [13] et inflation ont effectivement eu un impact négatif pour de nombreux foyers kazakhstanais. En l'occurrence, l'augmentation des prix du gaz était mal perçue dans un pays qui fait partie des plus grands producteurs d'hydrocarbures au monde. Une fois de plus, tout est rapidement rentré dans l'ordre à Janaozen puis Aktau, les foyers originels de la protestation populaire. Lorsque les médias évoquent une propagation à plus grande échelle et notamment à Almaty, c'est vrai, il y a effectivement eu des scènes d'émeutes dans l'ancienne capitale. Elles ne résultaient toutefois pas de la hausse des prix du gaz. Les raisons étaient autres.

Dans la partie introductive, nous avons fait mention des réactions de plusieurs pays d'Europe occidentale. Ce que nous retenons principalement c'est précisément la méconnaissance du pays, de son actualité politique mais surtout des causes qui ont amené à cet état de fait. Pour comprendre le présent, il faut au préalable connaître l'histoire. Un énorme raccourci a été opéré entre les contestations survenues sur la côte caspienne et celles qui ont agité Almaty. Il était tentant d'affirmer que ce qui s'est produit dans la plus grande ville du pays n'était que la prolongation d'un agacement ambiant dans le pays. Or ce n'était pas le cas. Des décisions ont pu choquer le monde occidental et il ne nous appartient pas de les commenter. A défaut de croire en un coup d'état mené par le Président Tokaïev, il convient plutôt de considérer que ce dernier a sans doute éteint une tentative de coup d'état. Deuxièmement, nous avons lu des commentaires faisant état d'une allégeance prêtée par le chef de l'exécutif kazakhstanais vis-à-vis de Vladimir Poutine. Il n'en est rien. Le Kazakhstan a demandé à la Russie et autres pays

---

[13] Note de l'auteur : c'est la monnaie nationale du Kazakhstan

concernés par l'Organisation du traité de sécurité collective d'intervenir au regard des clauses de l'accord convenu collégialement. Il ne s'agissait pas d'une intervention militaire russe visant à soutenir une tentative de coup d'état orchestrée par Kassym-Jomart Tokaïev. D'ailleurs, une fois les émeutes calmées, les troupes russes ont quitté le Kazakhstan. Enfin, au regard des critiques manifestées par le monde occidental, il ne faudra pas s'étonner que ce dernier perde encore davantage d'influence dans la région au profit de la Russie et de la Chine. Tout cela intervient quelques semaines après le retour en force des Talibans en Afghanistan. Depuis quelques temps, les événements sont défavorables aux intérêts occidentaux mais la question que nous soulevons est simple : a-t-on pris le soin d'essayer de connaître et de comprendre l'Asie centrale ?

Pour l'Afghanistan, la présence occidentale s'expliquait par les attaques terroristes du 11 septembre 2001 pour lesquelles une coalition internationale s'organisa afin de lutter contre ses instigateurs. Après vingt années de présence, le constat est amer. Le pays n'est pas pacifié et le départ des Occidentaux s'est effectué dans des conditions aussi tumultueuses qu'humiliantes avec le retour en force de ceux qui furent chassés du pouvoir en 2001. Pour ce qui est du Kazakhstan, l'histoire est évidemment différente. Les réactions européennes et américaines, eu égard aux événements de janvier 2022, mettent en évidence une grande méconnaissance des problématiques centrasiatiques. Des événements graves viennent d'avoir lieu au Kazakhstan. Pourtant, l'image qui caractérise cette crise est celle de la fin d'un chapitre dans un livre. En effet, une page vient de se tourner dans l'histoire nationale : la famille Nazarbaïev n'est définitivement plus aux commandes du pays. Une ultime opération a essayé de compromettre le Président Tokaïev en le déstabilisant mais cette dernière a échoué. Quant à Moscou et Pékin, les deux capitales étaient

bien informées de la réalité de la situation et c'est
probablement ce qui les conduisit à soutenir les décisions
du Président de la République pour toutes les raisons que
nous avons pu évoquer dans cette réflexion. Tout cela
devrait renforcer les liens diplomatiques et économiques
entre le Kazakhstan et ses deux grands voisins.

Un vrai risque de guerre en Ukraine ?
Ukraine-Russie oui, Russie-OTAN non
Février 2022

Ce début d'année 2022 est décidément très mouvementé dans l'espace russophone. Alors que les premiers jours de janvier virent une agitation inquiétante s'emparer du Kazakhstan pour d'obscures raisons autres que celles officiellement énoncées et portant prétendument sur l'augmentation soudaine des prix du gaz, voilà que l'Ukraine fait à nouveau parler d'elle. Elle fait même courir des frissons sur l'ensemble du continent européen. Le risque d'une guerre opposant la Russie et l'OTAN n'aurait jamais été aussi élevé… Depuis plusieurs semaines, Moscou a effectivement envoyé des troupes stationner dans les zones frontalières, plus de cent mille soldats voire davantage, tandis que l'alliance atlantique a également massé des troupes à proximité de l'Ukraine pour prévenir toute forme d'invasion russe. Les discours des deux côtés se veulent offensifs et intimidants. Celui qui osera attaquer s'exposera à des représailles. Tout le monde se veut intransigeant et inflexible.

En février 2022, le Président français Emmanuel Macron se rendit à Moscou puis à Kiev pour rencontrer séparément ses homologues russe et ukrainien en vue de désamorcer une crise qui ne cesse de monter en intensité. Dans les médias, le climat est présenté comme anxiogène. Le ton général laisse entendre que l'éclatement d'un conflit armé est une éventualité à laquelle il faut se préparer. Bref, l'heure est grave.

Nous gardons en tête cette image saisissante de la rencontre Poutine-Macron où les deux hommes parlementent tandis qu'ils siègent à une table démesurément grande et d'un blanc immaculé qui laisse l'impression que l'ambiance est glaciale. Les médias apportent une réponse à cette distanciation : le Président Macron aurait refusé de se soumettre à un test de dépistage anti-Covid à son arrivée en Russie. C'est ce qui aurait conduit à cette précaution de laisser plusieurs mètres de distanciation lors de son entretien avec Vladimir Poutine. Cette image a fait le tour du monde. Les deux hommes sont ainsi face à face mais distants de six mètres tandis que leurs discussions se poursuivirent durant cinq heures. Il existe à l'évidence des cadres plus agréables pour mener à bien des opérations diplomatiques ! Cette mise en scène a sans doute été motivée par le refus d'Emmanuel Macron de satisfaire à un test de dépistage anti-Covid. Cela étant, même sans cette péripétie, il n'est pas à exclure que l'entretien se soit réalisé dans des conditions similaires. Vladimir Poutine est un fin stratège. Les conditions proposées pour cette discussion sensible sont intimidantes. Sans doute a-t-il essayé d'ébranler l'assurance de son alter ego français venu à Moscou pour tenter de détendre une crise pour laquelle il assume plusieurs casquettes : celle de représentant de la France, de l'Union européenne (UE) mais également de l'OTAN. L'homme, bien qu'il ne l'ait pas encore annoncé officiellement, va sans doute briguer un second mandat présidentiel en avril 2022. Il lui importe donc de faire bonne figure sur la scène internationale tandis qu'il affronte de nouvelles contestations populaires en France. De même, depuis le retrait du Royaume-Uni de l'UE, les deux principales locomotives politiques et économiques sont l'Allemagne et la France… mais Emmanuel Macron doit désormais composer avec un Chancelier qui a pris les commandes d'un pays qui fut dirigé pendant seize ans par Angela Merkel, une période pendant laquelle elle fit largement ses preuves sur la scène internationale, rendant la transition politique plus difficile à appréhender pour son successeur.

En somme, le Président Macron a assumé un rôle de porte-étendard dans une opération d'apaisement diplomatique tandis que la situation laisse présager une escalade des tensions... Il faut lui reconnaître cet élan courageux. Pour autant, tout cela nécessitait-il ces discussions ? Si la Russie et l'OTAN se testent et que les menaces sont sérieuses, un des camps en présence a-t-il un intérêt à provoquer une guerre aux conséquences incertaines mais qui pénaliseront assurément toutes les forces en présence ? Notre réponse est très claire : nous ne croyons pas au scénario d'une guerre. Plus exactement, nous ne croyons pas au scénario portant sur une guerre Russie-OTAN. Il n'en va pas de même pour la Russie et l'Ukraine.

Il est temps d'apporter quelques explications car lorsqu'on consulte les nouvelles médiatiques, elles sont alarmantes. Il ne faut toutefois pas confondre les faits et les tendances. Des événements ponctuels peuvent effectivement laisser entendre qu'une escalade des tensions est en train de s'opérer et qu'elle peut aboutir à ce point de non-retour que constituait une guerre. Les camps ont présence ont beaucoup plus à perdre qu'à gagner en s'engageant dans un conflit armé qui ne bénéficierait à personne. Les rancœurs entre les deux camps sont tenaces. Le monde occidental accuse la Russie de nombreux maux : espionnage, cyberattaques, non-respect des droits de l'Homme, atteinte à la démocratie, ingérence, etc. Depuis le début de l'affaire Ukraine-Russie de 2013, les relations entre Moscou et le monde occidental n'ont cessé d'être distantes. D'ailleurs, la Russie a été frappée par des sanctions économiques. Cela favorisa un changement de cap diplomatique et commercial de la part de la Russie qui se tourna alors plus volontiers vers la Chine. C'était surtout l'expression d'un pays qui n'entendait pas se laisser intimider sur la scène internationale. Nous vous rappelons cette règle implicite mais immuable des relations internationales : toujours chercher à affaiblir l'adversaire. Dans la crise Russie-monde occidental, celui qui aura l'attitude du cédant perdra en crédit sur la scène internationale. C'est ainsi qu'une opération de désescalade des tensions est nécessaire pour montrer que les discussions font appel à des dirigeants pragmatiques tandis que personne n'a intérêt à provoquer un scénario de guerre. En somme, l'OTAN et la Russie se jaugent, montrent leurs muscles et s'engagent dans des communications d'intimidation et de menace pour montrer que l'un et l'autre n'entendent céder à aucune pression ou chantage de la part du camp adverse. Il faut cependant garder à l'esprit que la science des conflits n'est malheureusement pas une science exacte et que toute situation peut évoluer d'une manière inattendue, positivement comme négativement. C'est la raison pour laquelle nous n'excluons pas complètement le scénario d'une guerre en Ukraine qui reste toutefois très peu probable. Nous assistons à un bras de fer qui s'inscrit pleinement dans la réalité des relations internationales : le monde est profondément divisé. Par division, il faut comprendre qu'il est morcelé en plusieurs pôles d'influence dont trois dominants : les Etats-Unis accompagnés de leurs alliés, la Russie et la Chine. Du côté occidental, il importe de montrer une union, une cohésion qui doit symboliser une force collective tandis que les dernières années ont plutôt joué en sa défaveur. La présidence Trump a marqué une distanciation au sein de cette alliance. Le Brexit a été et demeure un épisode douloureux de l'histoire de la construction européenne. De même, comment ne pas évoquer la pandémie de la Covid-19 qui a été préjudiciable pour de nombreux Etats occidentaux qui ne s'étaient pas préparés à une crise sanitaire aussi longue ? Du côté russe, il convient de se positionner sur l'échiquier international tout en prenant en considération les difficultés récentes rencontrées par le monde occidental tandis qu'il existe une rivalité grandissante opposant les Etats-Unis à la Chine.

Enfin, du côté chinois, la crise sanitaire semble officiellement digérée. On reçoit volontiers Vladimir Poutine à Pékin, quelques jours après les festivités du Nouvel An chinois, juste avant que ce dernier ne s'entretienne à Moscou avec Emmanuel Macron. Le chef de l'Etat russe était venu pour assister à la cérémonie d'ouverture des Jeux olympiques d'hiver de Pékin... mais également pour s'entretenir avec le Président Xi Jinping au sujet de l'OTAN. Tous deux s'opposent à un élargissement de l'alliance atlantique. Au-delà de ces considérations, l'image véhiculée par la Chine est généralement celle d'un pays serein qui entend poursuivre ce qui est dicté par Xi Jinping. En d'autres termes, le pays poursuit ses objectifs et compte les atteindre sans se soucier de ses concurrents. On observe calmement les échanges vifs entre le monde occidental et la Russie. Après tout, cela fait bien les affaires de Pékin.

La Russie veut faire entendre sa voix sur la scène internationale. C'est ainsi qu'elle communique de temps à autres sur ses volontés de conquête du pôle Nord. Cette communication a pour but de provoquer l'adversité, de voir ce que les récipiendaires du message comptent faire. La logique est similaire pour l'Ukraine. Là où la Russie a envoyé des militaires dans des zones insulaires et désertiques de la mer de Barents pour signaler une présence humaine dans la région, elle envoie des troupes à la frontière ukrainienne pour montrer qu'elle peut effectivement envisager un scénario d'invasion du voisin ukrainien. Pour cette raison, l'OTAN réplique en massant des troupes autour de l'Ukraine. Dès lors que des effectifs militaires et de l'armement sont mobilisés, il y a effectivement lieu de s'inquiéter. Les différends entre Moscou et le monde occidental sont nombreux et anciens pour certains. Il faut garder à l'esprit que le Kremlin analyse l'évolution de la rivalité Etats-Unis-Chine ainsi que le rapprochement diplomatique opéré par le Président Biden avec l'UE. Il en va de même pour l'OTAN, moribonde après le fiasco de l'évacuation de l'Afghanistan et qui a besoin d'une union sacrée en son sein après cette expérience négative. La Russie est consciente de cette réalité.

De même, tout prétexte est bon pour susciter des incompréhensions et des malentendus qui ne feront que contribuer au malaise ambiant. Nous en avons encore eu un aperçu lorsque la Russie répondit favorablement à la demande du Kazakhstan d'envoyer des troupes dans cette République d'Asie centrale en vue de résoudre un problème insurrectionnel qui menaçait la stabilité socio-politique du pays. Il fut ainsi reproché à la Russie de se précipiter au Kazakhstan pour d'obscures motivations tandis que Moscou ne faisait que répondre favorablement à la clause d'un Traité multilatéral dont font partie la Russie et le Kazakhstan. D'ailleurs, Moscou retira ses troupes quelques jours à peine après les avoir déployées dans les zones sensibles. Une vérité s'impose : le dialogue entre la Russie et les puissances occidentales est difficile. C'est une certitude. Pour autant, s'agit-il d'un dialogue de sourds ? Non. En revanche, tout cela fait partie des jeux de pouvoir qui caractérisent tant les relations internationales. C'est sous cet angle qu'il convient d'appréhender cette nouvelle crise ukrainienne. Vous comprendrez ainsi que cette dernière ne survient pas inopinément mais que de nombreuses raisons expliquent que cela se produise maintenant.

La confirmation de la thèse du choc des civilisations... et des intérêts de chacun

Dans un environnement global où chacun essaye d'exister à sa manière, il y a différentes catégories de poids ou une sorte de hiérarchie implicite qui règne dans les relations internationales. En effet, tous les acteurs étatiques n'influencent pas de la même manière ces dernières. Ceux qui disposent d'un grand pouvoir d'influence sont rares. Ce sont généralement les pays les plus riches et les mieux armés qui parviennent à faire entendre le plus leur voix. Toutefois, au sein de cette « élite », il existe encore une autre subdivision au sein de laquelle quelques rares puissances se retrouvent presque systématiquement au cœur des grandes intrigues internationales : les Etats-Unis, la Chine, la Russie et l'UE. Cela ne signifie pas que tout est régi par ces quatre acteurs mais les grandes crises ou tensions les font généralement intervenir. La crise ukrainienne n'échappe pas à cette règle. La Russie est au cœur des enjeux mais l'UE est directement concernée dans la mesure où la plupart de ses Etats membres fait partie de l'OTAN. Dès qu'on mentionne l'organisation atlantique, il va de soi que les Etats-Unis sont ainsi directement concernés par l'affaire. Quant à la Chine, elle se manifeste autrement. Elle n'intervient pas pour prodiguer des conseils ou tenter d'influencer une quelconque désescalade des tensions. Non. Son intervention est plus subtile : elle se montre aux côtés de la Russie afin de signifier qu'elle n'était pas favorable à un élargissement de l'OTAN. La crise ukrainienne est par conséquent un cas très révélateur de la réalité des relations internationales actuelles.

En filigrane, il apparaît toutefois qu'au-delà des rivalités étatiques, nous assistons surtout à l'expression d'un véritable choc des civilisations qui se matérialise au travers d'un choc culturel et d'un choc du dialogue. Comme indiqué dans la partie introductive, la crise ukrainienne montre une fois de plus que les Etats s'adonnent à un jeu, parfois dangereux, qui consiste à intimider voire à menacer. Il peut arriver que ce jeu devienne incontrôlable et qu'il bascule vers un conflit armé. En l'occurrence, dans le cas de l'Ukraine, malgré les titres médiatiques à tendance inquiétante voire alarmiste, tout paraît sous contrôle du côté des belligérants en présence. Les médias relayent des informations factuelles qui laissent entendre un certain niveau de gravité de la situation. Lorsque les chefs d'Etat occidentaux évoquent un risque d'invasion russe de l'Ukraine pour lequel une réponse armée serait mise en œuvre, il y a évidemment des raisons de ressentir une inquiétude. Pourtant, bien que le risque d'un conflit armé ne soit pas totalement écarté, il s'agit d'un scénario peu probable. Chaque camp cherche à intimider l'autre. C'est une manière de vouloir exposer sa force aux yeux du monde. C'est également une manière d'incarner l'esprit d'une vieille locution latine, *si vis pacem, para bellum*, qui peut se traduire ainsi : si tu veux la paix, prépare la guerre. Il s'agit donc du principe de la paix armée. Cependant, les grandes manœuvres militaires opérées par la Russie et l'OTAN ne sont pas rassurantes. Les tensions demeurent vives et elles mettent en évidence ces différences culturelles qui se traduisent par un dialogue difficile. En somme, le principe de la paix armée est la principale garantie d'une guerre évitable dans la crise ukrainienne.

Pourtant, le principe exposé ci-dessus ne constitue pas une gageure que les tensions n'en resteront qu'à ce stade d'intimidation. Il repose sur une théorisation pour laquelle il n'y a pas de déclenchement de conflit armé dans la plupart des cas. Mi-février 2022, l'escalade des tensions se veut toujours plus critique. Des bombardements sont survenus dans l'Est de l'Ukraine, à proximité de la frontière avec la Russie. L'opposition armée implique l'armée ukrainienne et des séparatistes pro-russes. Quelques heures plus tôt, le Président Poutine avait ordonné le retrait des troupes russes positionnées à la frontière avec l'Ukraine. Nous sommes ainsi confrontés à un cas typique de situation critique qui laisse effectivement entendre que le pire peut survenir. Du côté occidental, la crainte porte toujours sur une possible invasion de l'armée russe en territoire ukrainien. Pourtant, le chef de l'Etat russe avait communiqué dans le sens d'un apaisement de la situation en ordonnant le retrait des troupes dans les zones frontalières. Dans le camp adverse, le son de cloche est différent : la communication opérée porte autour d'un risque élevé d'intervention russe auquel cas on se prépare à une riposte. Dans les médias des pays membres de l'OTAN, le principal message véhiculé est celui d'un risque toujours plus croissant d'une dégénérescence des tensions avec la Russie. C'est précisément ce qui a conduit les Présidents Macron et Poutine à s'entretenir une nouvelle fois en vue de s'accorder sur une politique commune visant à réduire le risque de survenance d'une guerre.

C'est ainsi que nous considérons la thèse de Samuel Huntington relative au choc des civilisations. [14] C'est celle à laquelle nous nous référons le plus dans nos analyses des relations internationales. La thèse défendue porte sur différentes civilisations qui cohabitent et la multipolarité du monde. Selon nous, c'est ce qui caractérise l'opposition Russie-OTAN dans la crise ukrainienne. Si la Russie n'entend céder à aucune forme de pression diplomatique, il n'en demeure pas moins qu'elle se veut pragmatique. Elle envoie des troupes à la frontière ukrainienne. En agissant ainsi, elle montre à ses interlocuteurs que rien ne l'intimide.

En revanche, lorsque les tensions atteignirent un niveau laissant craindre une perte de contrôle de la situation, Moscou décida de détendre la crise en retirant ses troupes des zones frontalières. Du côté de l'OTAN, l'enjeu consiste à éviter l'éclatement d'une guerre mais il faudra comprendre que les intérêts des chefs d'Etat de ses membres peuvent être divergents. Lorsque le Président Macron s'engage dans un dialogue avec son homologue russe, il représente une voix collective. Cependant, si le

---

[14] Samuel Huntington, *The Clash of Civilizations and the Remaking of World Order*, Simon & Schuster, 1996, 367 pp.

chef de l'Etat français prône une diplomatie raisonnable, son alter ego américain n'hésite pas à évoquer une réaction belliqueuse en cas d'invasion de l'Ukraine par l'armée russe. Les Etats-Unis et la France ne se positionnent pas de la même manière par rapport à la Russie. Pour Paris, éviter une guerre constituerait une grande victoire diplomatique tant pour la France que pour l'UE sur la scène internationale. Il en irait de même pour Moscou qui ne camperait finalement pas le rôle de l'agresseur mais celui d'un acteur raisonnable des relations internationales. Du côté de Washington, la donne est différente. Le Président Biden fait face à des tensions internes aux Etats-Unis. Il lui est souvent reproché de ne pas se montrer suffisamment ferme vis-à-vis de la Russie et de la Chine. Il est mis sous pression par ses détracteurs. Ils sont nombreux, notamment chez les Républicains. C'est ainsi qu'au regard de la crise ukrainienne sa communication se veut plus ferme que celle du Président Macron. Il doit montrer qu'il ne se laissera intimider par aucune forme d'action russe et qu'il envisage sérieusement une intervention militaire en cas de faux pas russe en Ukraine. En d'autres termes, il ne faut pas voir en la communication de Joe Biden une volonté délibérée de mettre de l'huile sur le feu dans le dossier ukrainien. Non, ce n'est pas le but de la manœuvre. Il ne fait que transmettre un message à Vladimir Poutine. D'ailleurs, tant que subsistera cette forme de dialogue, nous sommes convaincus qu'il n'y aura pas de guerre. En revanche, il est certain que lorsque Joe Biden fait mention de réactions intransigeantes vis-à-vis de Moscou en cas d'incursion russe en Ukraine, le message du Président des Etats-Unis d'Amérique est immédiatement relayé par tous les médias du monde. En d'autres termes, lorsque le vocabulaire utilisé fait référence au champ lexical de la guerre, il est normal que les médias fassent montre d'une inquiétude grandissante. Tout est logique. Quant aux discussions impliquant les Présidents Macron et Poutine, il convient de les interpréter comme un signe rassurant ou du moins encourageant d'une volonté bilatérale de contenir les tensions en Europe de l'Est. Il faut cependant garder à l'esprit que le risque d'une guerre n'est pas inexistant. Dans pareille situation aussi tendue, le moindre élément perturbateur peut constituer la petite étincelle que personne ne parviendra à éteindre.

Comprendre le positionnement russe

Le 19 février 2022, les tensions prirent une nouvelle dimension dans la région du Donbass tandis que les frappes entre les forces ukrainiennes et séparatistes pro-russes s'intensifièrent. L'intensité dramatique s'éleva encore d'un niveau lorsque le Secrétaire à la Défense Lloyd Austin avertit, depuis la Lituanie, que la Russie « s'apprêtait à frapper l'Ukraine ». Dans le même temps, Kiev et les factions séparatistes s'accusaient mutuellement d'attaques. Les chefs pro-russes des villes de Donetsk et Lougansk appelèrent à la « mobilisation générale ». Quant à Vladimir Poutine, il assista à des manœuvres militaires russes. A Washington, Joe Biden annonça que son alter ego avait décidé d'envahir l'Ukraine.

Tout cela est intervenu en l'espace de quelques heures. Lorsqu'on analyse l'actualité sur un laps de temps aussi réduit, l'escalade des tensions est non seulement alarmante mais tout indique que l'inéluctable va se produire. Lorsqu'on considère le nouvel entretien à venir entre Emmanuel Macron et Vladimir Poutine, deux lectures sont possibles. Premièrement, la Russie contribue à l'escalade des tensions mais ne compte pas provoquer de guerre avec le monde occidental. En d'autres termes, elle peut se montrer menaçante mais n'opèrera aucune intervention militaire sur le territoire ukrainien. Deuxièmement, la Russie s'est jouée du Président français et de l'alliance occidentale en se montrant ouverte à la diplomatie et prête à s'engager dans une désescalade des tensions… tandis qu'elle est en train de préparer la guerre.

Une fois de plus, la polémologie n'est pas une science exacte. Le mois de février 2022 est inquiétant à plus d'un titre au regard de la crise ukrainienne car les combats s'intensifient dans l'Est du pays. Ils n'impliquent alors aucune force extérieure puisque seuls l'armée ukrainienne et des séparatistes pro-russes s'affrontent. En revanche, l'évolution des événements n'est pas rassurante. Nous pensons toujours qu'une guerre impliquant la Russie et l'OTAN n'interviendra pas car si la Russie a toujours affiché de la fermeté, elle n'a jamais refusé le dialogue diplomatique. D'autre part, elle est menée par un dirigeant qui la pilote depuis deux décennies. Vladimir Poutine n'agira pas sans avoir pesé les avantages et les inconvénients de la situation. Il est expérimenté. Il sait également comment contrarier l'OTAN et contourner les sanctions économiques qui frappent son pays depuis août 2014 en raison de la crise ukrainienne. Le pragmatisme russe est redoutable. Le monde occidental sanctionne Moscou ? La Russie se tourne alors vers la Chine qui a tout intérêt à assurer ses approvisionnements en hydrocarbures. On scelle ainsi un accord géant entre voisins eurasiatiques. La Russie vend ses ressources naturelles et la Chine satisfait ses besoins énergétiques. Tout le monde est content. Il va sans dire qu'aucun acteur occidental n'a la capacité de contrarier ces échanges commerciaux. Il en va de même pour la géopolitique de l'Arctique, région réputée pour disposer d'importantes ressources naturelles. Depuis de nombreuses années, la Russie se veut conquérante et élargit son influence dans la région. Cette volonté déplaît aux autres Etats riverains. Moscou pousse le vice jusqu'à installer des bases militaires dans des zones isolées, aux latitudes les plus septentrionales de la planète. On assure une présence humaine, qui plus est militaire, pour montrer que la Russie ne s'adonne pas à un jeu de poker menteur. En réalité, au regard de ses velléités arctiques, elle est en position de force dès lors que le réchauffement climatique se poursuit et qu'il entraîne la fonte des calottes glaciaires. Cela va générer la création de nouvelles routes maritimes qui permettront l'exportation d'hydrocarbures par des voies qui échapperont au contrôle des acteurs occidentaux. Ces routes maritimes emprunteront le détroit de Béring et pourront acheminer des hydrocarbures vers la Chine. En clair, la Russie a des arguments à faire valoir. Un rappel suffit pour souligner son immensité géographique : le pays partage des frontières communes avec la Norvège et la Corée du Nord. Elle s'étire sur plus de neuf mille kilomètres et compte onze fuseaux horaires. C'est aussi pour ces raisons que le Président Poutine considère que la communauté internationale est multipolaire. Il considère son pays comme un pôle à part entière. Cela sous-entend qu'il ne compte s'agenouiller devant personne. S'il doit sceller une alliance, elle sera de circonstance. Il compte restaurer la grandeur de la Russie. Cela ne se fera pas à n'importe quel prix. Il sait pertinemment qu'un conflit armé avec l'OTAN serait catastrophique pour son pays. Il en va de même pour l'alliance atlantique. Une telle guerre ferait courir un immense risque sur l'ensemble de la communauté internationale. Les deux camps possèdent des armes au grand potentiel destructeur. Personne ne pourrait prédire avec certitude la victoire d'un camp plus que l'autre. En somme, si une guerre devait être déclarée, la Russie et l'OTAN s'engageraient dans une crise ouverte qui s'apparenterait à une guerre mondiale. Est-ce que l'une d'elles a intérêt à orienter les débats dans cette direction ? Il semblerait que non.

Les factions séparatistes espèrent sans doute que la Russie leur prêtera main forte et qu'elle interviendra le cas échéant. La Russie serait-elle prête à prendre ce risque ?

Nul ne peut décider à la place de Vladimir Poutine. Il est favorable à ce que la région du Donbass demeure pro-russe. Cependant, ira-t-il jusqu'à provoquer un affrontement armé pouvant mener à une action de l'OTAN en cas d'intervention en territoire ukrainien ? Nous préférons penser qu'il demeure un dirigeant étatique pragmatique. En l'occurrence, nous assistons à une démonstration de *hard power* tant à Moscou qu'à Bruxelles, siège de l'organisation atlantique. Quant au dialogue avec son alter ego Emmanuel Macron, cela laisse augurer qu'il y ait toujours la place pour faire valoir la diplomatie et parvenir à un accord rationnel entre la Russie et l'OTAN. Une telle perspective n'induit pas nécessairement une désescalade des tensions entre Kiev et les régions séparatistes. Cependant, cela peut laisser entrevoir l'hypothèse que l'armée russe n'intervienne pas en Ukraine.

A l'heure où nous écrivons, nous arrivons au terme des Jeux olympiques d'hiver de Pékin. Le Président Poutine avait assisté quelques jours plus tôt à la cérémonie d'ouverture de ce grand événement sportif puis il avait rencontré son homologue chinois. Les deux hommes avaient ainsi déclaré conjointement leur opposition à l'élargissement de l'OTAN. Nous l'avons déjà évoqué. Il nous revient en mémoire que la crise ukrainienne débuta en novembre 2013 lorsque le gouvernement national refusa de signer l'accord d'association devant lier l'Ukraine à l'UE. Cela provoqua la fureur de nombreux Ukrainiens. Ce fut l'origine du mouvement Euromaïdan qui démarra à Kiev puis se propagea dans les principales villes du pays. Quelques semaines plus tard, en février 2014, le monde assista, médusé, à la cérémonie d'ouverture des Jeux olympiques d'hiver de Sotchi. Cette dernière fit polémique car il fut question de retracer l'histoire et la grandeur de la Russie. Le spectacle offrit une rétrospective des grandes heures de la patrie des Tsars. Puis ce fut le tour de l'époque soviétique et plus particulièrement de l'industrialisation du pays sous Staline. Cela ne manqua pas de faire réagir dans le monde en raison de l'extrême sévérité dont fit montre le petit Père des peuples. Le message était très clair. La Russie se voulait imperméable à toute forme de critique. Les projecteurs étaient braqués sur elle le temps de l'échéance olympique mais elle escomptait surtout montrer que rien ni personne ne saurait l'influencer. Moscou entendait ainsi s'affirmer comme un des acteurs dominants des relations internationales. La crise ukrainienne prit une autre dimension la veille de la fin des Jeux olympiques de Sotchi, le 22 février 2014, lorsque le Président Viktor Ianoukovytch fuit et fut destitué. Ce rappel historique n'est pas anodin car des analystes ont vu dans l'olympiade de Pékin un signe, celui indiquant que Vladimir Poutine préparerait quelque chose en lien avec l'Ukraine pendant la tenue de l'événement sportif. Hasard calendaire ou pas, il est étonnant de constater un regain des tensions en Ukraine en pleine période olympique. Sur ce point, le parallèle est effectivement saisissant. Pour autant, si Moscou a mobilisé des troupes près de la frontière ukrainienne, rien ne prouve que l'intention véritable soit une invasion et que cela induise un effet domino avec une réaction de l'OTAN.

Le besoin de l'OTAN de montrer son unité

Le 20 février 2022, le Président Macron relança les discussions avec ses homologues russe, ukrainien mais aussi américain. La dégradation de la situation dans le Donbass faisait effectivement craindre le pire. Il était urgent que des discussions survinssent afin de tenter de calmer les esprits et de renouer un dialogue en vue d'un apaisement. L'initiative du Président Macron était en ce sens remarquable puisqu'il intervenait en qualité de diplomate au service de l'OTAN. En 2019, lors d'une interview accordée à The Economist, il déclara que l'alliance atlantique était en état de mort cérébrale. [15] Deux ans plus tard, la fin de la présence de l'OTAN en Afghanistan fut l'événement qui faillit faire éclater l'alliance atlantique. Les maux internes n'étaient pas nouveaux. L'organisation avait grandement souffert de la présidence Trump aux Etats-Unis. L'ancien pensionnaire de la Maison Blanche avait ouvertement critiqué l'alliance multipartite en dénonçant l'investissement démesuré, à ses yeux, de son pays tandis qu'il considérait que les autres pays membres ne participaient pas suffisamment à son budget. La fin de l'opération armée en Afghanistan fut la goutte de trop pour une organisation tiraillée de l'intérieur et qui devait subir l'affront de quitter au plus vite le territoire, chassée par ceux qu'elle avait longuement combattus. Au-delà du fiasco militaire, le mal était d'autant plus grand pour les puissances occidentales que cela allait inévitablement impacter leur pouvoir d'influence dans cette région du monde si stratégique. Deux puissances étrangères allaient soudainement voir l'opportunité d'asseoir une nouvelle influence dans la zone : la Chine et la Russie.

Certains évoqueront le fait que la priorité américaine du moment n'était plus l'Afghanistan mais qu'il importait de se concentrer sur Taïwan. C'est sans doute vrai mais il ne faut pas occulter le discrédit jeté sur le monde occidental avec ces évacuations opérées dans des conditions dantesques et pour lesquelles le Président Biden ne put obtenir aucun délai supplémentaire auprès des Talibans.

Le Président Poutine a bien évidemment gardé en mémoire les événements survenus en août 2021 à Kaboul. Dans sa gestion de crise avec l'OTAN, il s'appuie sur cette expérience douloureuse pour l'organisation atlantique et teste sa cohésion. Or cette dernière doit montrer que l'épisode afghan est digéré et qu'il est temps de démontrer

---

15 *"Emmanuel Macron warns Europe: NATO is becoming brain-dead"*, www.economist.com, 7 novembre 2019

qu'elle est unie et suffisamment forte pour s'engager dans un bras de fer tendu avec Moscou. Le chef de l'Etat russe est conscient de l'opposition qui s'érigerait contre lui en cas d'invasion de l'Ukraine par ses troupes. Il ne va sans doute pas commettre l'erreur de la sous-estimer ni de commettre l'irréparable en vue de tester l'adversaire. Au regard du soutien apporté par l'OTAN à Kiev, une incursion russe sur le territoire ukrainien ferait l'objet d'une riposte immédiate. Par conséquent, le scénario d'un conflit armé opposant l'OTAN à la Russie deviendrait probable. Or personne ne désire ce scénario.

La position française consistant à proposer un recours à la diplomatie est une excellente initiative. Emmanuel Macron est parvenu à obtenir que ses homologues russe, américain et ukrainien daignent s'engager dans un dialogue en vue d'apaiser les tensions. Une fois de plus, si cela n'induit pas nécessairement que les tensions se résorberont, il s'agit d'un signe manifeste d'une volonté de chacun de vouloir communiquer. Le dialogue est donc ouvert. Du côté de l'OTAN, il convient également de se montrer indissolublement uni au regard de la mauvaise appréciation faite par le monde occidental de la crise survenue au Kazakhstan quelques semaines plus tôt. Les chancelleries d'Europe occidentale et Washington fustigèrent les décisions prises par le chef de l'Etat kazakhstanais qui fit appel à la Russie pour envoyer des troupes à Almaty notamment en vue de réprimer des mouvements insurrectionnels. Ce dernier avait alors ordonné aux forces de l'ordre de « tirer pour tuer ». Le monde occidental avait vivement réagi en dénonçant un telle injonction tandis que la Russie et la Chine avaient salué la décision du Président Tokaïev. Il fut craint en Occident que la Russie profitât de cette crise en Asie centrale pour y asseoir une nouvelle forme d'influence. En filigrane, la Russie fut suspectée de vouloir agir avec le

Kazakhstan comme elle le faisait avec l'Ukraine depuis 2013… Les cas sont complètement différents ! L'intervention des troupes russes dans son voisin d'Asie centrale fut de l'ordre de quelques jours. En revanche, le soutien apporté par Moscou et Pékin au Président Tokaïev aura sans doute pour conséquence de réduire le pouvoir d'influence des puissances occidentales qui ont fermement critiqué les décisions du chef de l'exécutif kazakhstanais.

Les pays membres de l'OTAN et l'organisation atlantique viennent donc de connaître des désillusions relatives à des problématiques centrasiatiques dont une qui a fait l'objet d'une intervention russe. Tout cela entre en ligne de compte pour l'appréhension russe de la situation tendue rencontrée avec l'Ukraine. Si l'OTAN veut être considérée comme une puissance militaire crédible, il lui faut communiquer d'une manière qui sera considérée avec gravité par le Kremlin. Il lui appartient surtout d'afficher une union sacrée et une communication unanimement approuvée par l'ensemble de ses membres. Pour l'OTAN, l'enjeu est de taille : il s'agit d'éviter l'éclatement d'un conflit armé aux portes de plusieurs de ses pays membres. C'est la raison pour laquelle la fermeté affichée par les Etats-Unis via le Président Biden doit être considérée comme l'option la plus logique au regard de la situation. S'il se montre déterminé vis-à-vis de la Russie, un acteur commence cependant à s'impatienter. Le chef de l'état ukrainien Volodymyr Zelensky craint que son pays subisse les mauvaises conséquences d'une diplomatie OTAN-Russie. En l'occurrence, il a effectivement de bonnes raisons de craindre un tel scénario. Un apaisement des tensions entre Moscou et Bruxelles ne pourra survenir qu'au travers d'un compromis portant sur des concessions faites par les deux camps. Il est inimaginable qu'un camp accepte des concessions sans contrepartie. Le Président Zelensky a ainsi des raisons légitimes de s'inquiéter. Son pays sera le grand perdant des discussions.

L'Ukraine, l'état-tampon sacrifié depuis longtemps

Si vous souhaitez un argument qui plaide en faveur d'une guerre qui n'éclatera pas, veuillez considérer que la Russie et l'OTAN s'accordent sur un point : l'un et l'autre ne veulent pas de frontières communes en Europe de l'Est. Les frontières communes entre l'OTAN et la Russie se résument à la Norvège, l'Estonie et la Lettonie auxquelles il faut ajouter la Lituanie et la Pologne pour ce qui est de l'enclave russe de Kaliningrad. En revanche, pour ce qui est des frontières communes à la Russie et l'UE, il convient d'ajouter la Finlande. Or cette dernière ne fait pas partie de l'organisation atlantique. En résumé, les frontières terrestres Russie-OTAN sont de l'ordre de quelques centaines de kilomètres. Si l'Ukraine devait adhérer à l'organisation, la donne changerait puisque les deux pays partagent plus de mille cinq cents kilomètres de frontières terrestres. L'Ukraine et la Biélorussie font office d'états-tampons. Cette configuration arrange autant l'OTAN que la Russie. C'est ce qui leur permet d'entretenir des relations diplomatiques tumultueuses sans que toutefois le risque de débordement s'en retrouve plus élevé précisément en raison de la présence de ces deux pays faisant office de tampon. En revanche, s'il existe des frontières directes, l'appréhension des tensions s'en retrouverait modifiée. Leur gestion serait sans doute rendue plus ardue. C'est ce qui a favorisé par le passé la survenance des crises du gaz. Si la Russie s'en prenait à l'Ukraine ou à la Biélorussie, de nombreux Etats d'Europe centrale et orientale se retrouveraient impactés par les arrêts des approvisionnements gaziers en provenance de Russie. C'est également pour cette raison que les pipelines Nord Stream virent le jour dans la mer Baltique : permettre à la Russie d'exporter son gaz naturel vers l'Europe tout en court-circuitant le transit par la Biélorussie et l'Ukraine. Pour Moscou, les pipelines Nord Stream constituaient un atout de premier ordre dans le cadre de ses relations diplomatiques fluctuantes avec Minsk et Kiev.

L'impression globale que nous avons de cette énième crise ukrainienne est celle que la Russie et l'OTAN connaissent pertinemment la limite à ne pas franchir. Tous deux ont conscience des forces et des faiblesses adverses. Lorsque le Président Macron parvint à obtenir le consentement de ses homologues américain et russe en vue de se rencontrer, le Président Biden marqua son approbation tout en imposant une condition : il n'y aura de rencontre avec Vladimir Poutine que si la Russie n'intervient pas en Ukraine. Une fois de plus, le monde occidental se veut bienveillant à l'égard de Kiev. Le Président ukrainien aurait ainsi de bonnes raisons de se montrer rassuré… Toutefois, ce dernier n'est pas dupe. Il sait que les problèmes internes à son pays ne seront pas réglés par ses soins. Il aura sans doute voix au chapitre mais il ne sera pas le décideur. Il en est conscient. Il lui importe surtout d'éviter une guerre sur son territoire. Pour le reste, l'OTAN et la Russie se chargeront de décider.

Dès lors qu'il est dans l'intérêt de l'OTAN et de la Russie de conserver une zone tampon, le pays concerné en subira les conséquences. En l'occurrence, l'Ukraine connaît un grand drame : il s'agit bien d'un Etat indépendant et souverain ; en revanche, il n'existe pas une seule et unique nation ukrainienne. Il y en a deux : l'une est ukrainienne et l'autre russe. Si la guerre est évitable, un apaisement des tensions n'effacera pas les problèmes socio-politiques nationaux. Les factions pro-russes ne se rangeront jamais du côté de Kiev et de l'UE. L'exemple de la Crimée est révélateur. Bien que le référendum survenu en 2014 ne soit pas reconnu par le monde occidental, les Criméens n'ont fait que montrer leur attachement à la Russie. Si pareil cas devait se produire dans le Donbass, de nombreux votants se prononceraient pour le rattachement de la région à la Russie. En somme, le Président Zelensky peut envisager deux scénarii : premièrement, conserver l'intégralité territoriale nationale. Dans pareil cas, il sait qu'une partie du pays n'approuvera jamais les décisions de Kiev qui iront à l'encontre des intérêts de la Russie. Deuxièmement, l'Ukraine se résout à accepter que des régions pro-russes ne fassent plus partie du territoire national. Une telle décision pourrait générer des troubles au sein de la nation ukrainienne qui verrait alors une faiblesse des autorités voire une forme de trahison.

Dans tous les cas de figure, le Président Zelensky hérite d'une situation qui n'est pas nouvelle puisque l'Ukraine est un pays qui a été sacrifié depuis longtemps sur la scène des relations internationales. Bien qu'il bénéficie d'un soutien occidental (OTAN, Etats-Unis et UE), il est certain que ce dernier ne se risquera pas à aller au-delà d'une certaine limite que n'accepterait pas la Russie. Sur le principe, on dénonce les mauvaises actions russes tout en conservant une attitude mesurée. Si le jeu n'en vaut pas la chandelle, il y aura un soutien diplomatique accordé à Kiev sans que les intérêts de la capitale ukrainienne soient pour autant satisfaits.

Le drame ukrainien est double. Premièrement, le pays est géographiquement situé dans une région qui fait office de tampon entre deux zones qui entretiennent des relations diplomatiques difficiles. Deuxièmement, il continuera d'être pénalisé par cette inégalité mathématique « un Etat, deux nations ». Le problème pour les autorités nationales repose sur le fait que les tensions internes ne peuvent être solutionnées par le gouvernement dès lors que des acteurs extérieurs s'immiscent dans ces affaires.

L'Ukraine est et restera un terrain d'affrontement pour la Russie et l'OTAN-UE. C'est une évidence. C'est la raison pour laquelle en dépit de l'escalade des tensions qui a momentanément fait craindre le pire, le scénario d'une guerre demeure peu probable bien qu'il ne soit pas inexistant. En attendant, la diplomatie va désormais s'attacher à calmer les esprits et à trouver un terrain d'entente qui convienne à tous.

Une négociation Russie-OTAN portée vers le statu quo

Le Président Macron a incontestablement réussi un joli tour de force en convaincant Joe Biden et Vladimir Poutine de se rencontrer. Le mérite lui en revient. Les deux hommes s'étaient rencontrés à Genève quelques mois auparavant pour un sommet qui n'eut en définitive rien d'historique. L'occasion est ainsi offerte de se revoir et de discuter concrètement. Selon nous, ils n'attendaient que ça ! A quelle genre de discussion faut-il s'attendre ? Nous pouvons anticiper des débats pouvant virer vers le houleux. Finalement, chaque camp en présence s'efforcera de montrer qu'il a obtenu ce qu'il souhaitait. En d'autres termes, chacun fera des concessions qui ne seront en réalité pénalisantes pour personne… si ce n'est pour l'Ukraine. On n'imagine pas que Joe Biden ou Vladimir Poutine accepte des conditions trop préjudiciables qui leur seraient ensuite reprochées à Washington ou à Moscou. Les Etats-Unis ne feront pas plier la Russie et réciproquement. Tout est question de calcul et d'équilibre. A ce jeu, il nous semble que les principaux protagonistes sauront faire montre de pragmatisme.

En somme, nous pressentons un scénario de statu quo. La crise diplomatique va apaiser les tensions qui resteront malgré tout vivaces dans les régions séparatistes. Toutefois, Russes et forces de l'OTAN s'accorderont pour ne pas avoir à s'affronter militairement. Il sera demandé aux troupes russes de s'éloigner des frontières avec l'Ukraine. Les Russes demanderont à l'OTAN d'éloigner de leurs frontières certaines armes qu'ils n'apprécient guère. Enfin, Moscou aura la tentation d'exiger que le pipeline Nord Stream 2 puisse enfin procéder au transfert de gaz naturel vers l'UE. Quant à l'Ukraine, nous ne prenons pas beaucoup de risques en affirmant que son adhésion à l'UE et / ou à l'OTAN ne sera plus à l'ordre du jour lors des prochaines années. En clair, la diplomatie triomphera et Kiev sera une fois de plus le grand perdant. Le monde saluera les efforts diplomatiques consentis par Moscou, Washington et Bruxelles. Emmanuel Macron restera à jamais l'homme sans qui la crise aurait pu basculer dans l'irrationnel. Bref, le scénario semble déjà rédigé…

Dans les faits, c'est probablement dans cet esprit que les discussions diplomatiques se dérouleront. Il faudra trouver des points de compromis. Cela ne signifie pas qu'il n'y aura pas de heurts entre Joe Biden et Vladimir Poutine. Nous sommes seulement confiants quant au fait qu'ils n'ont aucun intérêt à laisser la situation s'envenimer. Encore une fois, personne n'a intérêt à l'éclatement d'une guerre dans cette partie de l'Europe orientale. En termes de communication politique, l'intervention de chacun comporte un impératif : au regard de l'animosité Etats-Unis-Russie, aucun chef d'Etat ne doit donner l'impression à son peuple qu'il est le perdant de la négociation. Il importe pour chacun de montrer qu'il a obtenu des résultats probants en affichant une détermination et une inflexibilité de tous les instants. Il s'agit de la plus grande difficulté des futures discussions : parvenir à trouver des terrains d'entente tout en donnant l'impression aux peuples respectifs que chacun est parvenu à faire valoir ses intérêts. La pire image qui puisse être renvoyée est celle d'un négociateur ayant dû trop concéder à l'adversité. C'est la raison pour laquelle le futur sommet suggéré par le chef d'Etat français ne sera pas une simple formalité. Il faut du temps pour que chaque partie puisse le préparer, compiler les points à faire valoir, ceux qui peuvent faire l'objet d'une concession et ceux, au contraire, sur lesquels il faudra faire montre d'intransigeance.

Le grand perdant du futur sommet sera l'Ukraine. En définitive, si la Russie et l'OTAN feront le nécessaire pour éviter qu'une guerre n'éclate, la marge de manœuvre de Kiev sera extrêmement ténue. Le Président Zelensky pourra faire entendre sa voix mais cette dernière n'influencera sans doute pas le contenu de l'accord multipartite qui sera négocié. Kiev rêve d'une adhésion à l'OTAN mais cette hypothèse ne se vérifiera pas de sitôt. La Russie acceptera de négocier avec l'alliance atlantique dès lors qu'elle obtiendra la certitude que cette dernière ne s'élargisse pas en Europe orientale. L'OTAN et l'UE continueront de communiquer dans le sens d'un soutien indéfectible apporté à l'Ukraine mais les concessions qui seront accordées à la Russie se feront au détriment des intérêts de Kiev. La Russie va assurément jouer sur ce point. Cette hypothèse est d'autant plus probable que Vladimir Poutine et Xi Jinping avaient conjointement déclaré leur désapprobation d'assister à un élargissement de l'OTAN. Ce message n'avait rien d'anodin. Il annonçait la tonalité de ce qui allait suivre : les tensions ont continué de croître pour que Moscou puisse négocier pour le mieux l'apaisement des tensions. Quant à Pékin, le message est quelque peu différent : il s'agit de montrer au monde occidental que la Chine se préoccupe des affaires diplomatiques en Europe de l'Est. Elle défend d'importants intérêts économiques en Biélorussie. L'Europe orientale fait partie des zones géographiques visées par le déploiement des nouvelles Routes de la Soie. Enfin, et c'est sans doute le message le plus fort, Xi Jinping s'associe à Vladimir Poutine. Les deux chefs d'Etat affichent ainsi une image de concorde ayant pour but de frapper les esprits de l'OTAN et de l'UE. Lorsqu'il rencontrera Joe Biden, le Président russe ne manquera pas de lui rappeler qu'il n'est pas le seul à s'opposer à un élargissement de l'organisation atlantique. Tout cela nous conduit donc à considérer que Kiev sera le principal voire le seul perdant des négociations. La Russie et l'OTAN s'en tireront à bon compte en faisant valoir une avancée diplomatique s'engageant sur un éloignement du risque de la survenance d'une guerre. Quant à Kiev, la capitale ne sera pas débarrassée des maux qui la rongent depuis si longtemps. A moins qu'une partie du territoire obtienne de ne plus faire partie de l'Ukraine (ce qui sous-entend de longues et pénibles négociations ainsi qu'une reconnaissance internationale in fine), le pays continuera d'être affaibli par cette animosité binationale : la nation ukrainienne d'un côté et les Russes d'Ukraine de l'autre. Ainsi, tout en écartant le spectre d'une guerre opposant la Russie à l'OTAN, personne ne s'attachera à chercher la résolution des maux internes à l'Ukraine. Il va sans dire que c'est le scénario redouté par le Président Zelensky.

La sérénité chinoise face à la crise ukrainienne

La première impression que tout observateur ou analyste peut faire valoir porte sur l'éloignement géographique de la Chine des maux ukrainiens. En l'occurrence, s'il y a bien une puissance mondiale qui peut faire montre de sérénité au regard de la situation, c'est bien l'Empire du Milieu. Si une guerre devait éclater, il y a peu de chances qu'elle se propage jusqu'aux confins de l'Asie centrale. En revanche, la crise ukrainienne n'est pas sans intérêt pour Pékin. Une fois de plus, l'intervention portant sur la volonté de ne pas voir l'OTAN et l'Aukus (alliance militaire liant les Etats-Unis, le Royaume-Uni et l'Australie. Cette alliance tripartite fut rendue publique en septembre 2021. Elle cherche à contrer l'expansionnisme de la Chine dans l'espace indo-pacifique) s'élargir résonne comme un avertissement lancé à ces alliances militaires et aux Etats-Unis en premier lieu. La crise ukrainienne constitue une occasion rêvée pour les principales puissances diplomatiques mondiales de se faire entendre et de positionner leurs pions sur l'échiquier international. En définitive, il s'agit d'une grande partie d'échecs. La Chine n'a pas manqué de faire entendre qu'elle partageait l'avis de la Russie sur le sujet. Ce message revêt une dimension surprenante : il est rare que Pékin se prononce sur des affaires internationales. Si la capitale chinoise a agi de la sorte, ce n'est pas uniquement par « sympathie » ou « amitié » vis-à-vis de Vladimir Poutine. Xi Jinping avait un message à faire passer. Il a réussi son coup. En Occident, on pense immédiatement à une forme d'alliance sino-russe. Les intérêts sont multiples. La Chine avertit l'Occident. Personne ne l'empêchera de poursuivre sa politique expansionniste tant vers l'Est que l'Ouest sans s'exposer à une ferme réaction de sa part. Dès lors que des alliances militaires occidentales sont nommément citées, il faut comprendre que Pékin pourrait répliquer militairement.

La Chine n'est pas un spectateur complètement détaché de la crise ukrainienne. La raison en est simple : elle concerne la plupart des grands acteurs politiques et économiques mondiaux. Les Etats-Unis, la Russie et l'UE sont ainsi impliqués dans cette affaire sensible. Il en va de même pour l'OTAN. Pékin achève son olympiade hivernale dans la plus grande sérénité : les problèmes conflictuels d'Europe de l'Est sont loin de ses terres. Quant aux provocations russes, la capitale chinoise communique peu sur le sujet. En somme, il ne faut pas attendre de la Chine qu'elle condamne les provocations russes. Lorsqu'elle se prononça officiellement pour manifester son désaccord relatif à un futur et hypothétique élargissement de l'OTAN et de l'Aukus, le but de la manœuvre était limpide : il fallait avertir le monde occidental qu'elle comptait désormais faire part de ses avis sur les grandes problématiques internationales. En l'occurrence, cette déclaration revêt un caractère particulièrement sensible puisqu'elle s'exprime au sujet d'une alliance militaire. En d'autres termes, elle livre son sentiment sur le *hard power* du monde occidental. Cela signifie que l'OTAN et l'Aukus auraient évidemment tort de prendre cette communication à la légère. Le positionnement de Pékin à l'international est en train d'évoluer et de prendre une forme plus inquiétante pour le monde occidental.

La communication du Président Xi Jinping est déroutante en ce sens qu'il excelle dans l'art de faire passer des messages qui interpellent l'Occident tout en conservant son flegme et son immuable sourire. Pourtant, il faut bien comprendre que la Chine est en train de s'affirmer autrement. Lorsqu'elle s'unit à Vladimir Poutine pour dénoncer un possible élargissement de l'alliance atlantique, elle n'agit pas sur simple demande amicale de la Russie. Elle le fait parce qu'elle a un intérêt à le faire. Elle indique au monde entier qu'elle n'entend pas uniquement se livrer à une bataille économique en vue de conquérir le leadership mondial. Elle est suffisamment forte pour désormais donner son avis sur les grandes crises conflictuelles. C'est nouveau. Cela donne la pleine mesure des ambitions chinoises. L'Empire du Milieu est en train de déplacer le centre de gravité de l'économie mondiale en se projetant dans la restauration des Routes de la Soie. [16] Quant aux ambitions politiques, elles sont désormais claires : Pékin fera entendre sa voix, au même titre que le fait le monde occidental, sur toutes les problématiques pour lesquelles les autorités chinoises estimeront nécessaire le besoin de communiquer. En d'autres termes, nous sommes en train d'assister à une nouvelle évolution des relations internationales. Si la Chine

---

[16] Voir Thierry Pastor, *Dans l'ombre des titans*, 2022, 233 pp. *Op.cit.*

manifeste depuis plusieurs années ses grandes ambitions économiques, elle entend dorénavant montrer qu'elle est également un acteur majeur de la politique internationale.

La communication du 4 février 2022 est assurément un événement marquant puisqu'elle confirme toujours plus la multipolarité du monde et l'accroissement des tensions au sein des puissances étatiques dominantes. Cette communication est d'autant plus remarquable qu'elle intervient le même jour que la cérémonie d'ouverture des Jeux olympiques d'hiver de Pékin. En d'autres termes, en pleines festivités sportives, la Russie et la Chine en profitent pour diffuser un message portant sur des considérations militaires. Depuis lors, les tensions sont allées crescendo en Europe de l'Est. La Russie a poursuivi une politique ambiguë marquée par une ouverture au dialogue conjuguée à des décisions rendant ce dernier toujours plus sensible. Quant à la Chine, elle a fait ce qu'elle avait à faire le 4 février. Elle avait pour ambition de livrer un message au monde occidental. Tout le monde l'a entendu. Dans cette crise géopolitique, elle a toujours défendu les positions de Moscou. Selon elle, l'OTAN est une aberration anachronique, un reliquat de la guerre froide qui n'a plus lieu d'exister. Il va de soi que ce sentiment n'est pas partagé par ses Etats membres. Chacun sait désormais à quoi s'en tenir.

La provocation risquée de la Russie

A quoi joue la Russie ? C'est sans doute la grande question qui interpelle les acteurs de l'UE et de l'OTAN le 21 février 2022. La veille, le Président Poutine avait accepté le principe d'un sommet à venir avec son homologue américain en vue de trouver une solution diplomatique à la crise ukrainienne. Le lendemain, alors que le monde occidental et les Nations Unies commençaient à préparer le terrain des futures discussions diplomatiques sur le sujet,

Moscou surprend le monde en se prononçant pour une reconnaissance des régions séparatistes pro-russes d'Ukraine. A cela, il lie les paroles aux actes en envoyant une division de blindés en direction des régions de Donetsk et Lougansk. Dans la foulée, il intime l'ordre à Kiev de cesser les opérations militaires contre les factions séparatistes. La tension monte subitement d'un cran. Du côté occidental, c'est la stupéfaction. La veille, le chef de l'Etat russe donnait son accord sur le principe d'un sommet diplomatique avec Joe Biden en vue d'apaiser les tensions ; le lendemain, il torpille son accord verbal en faisant voler en éclats la condition indispensable fixée par le Président américain pour la tenue d'un tel événement : ne pas intervenir en Ukraine. Il va sans dire que la reconnaissance de l'indépendance des régions séparatistes n'est pas approuvée par le monde occidental. Il en va de même pour l'ONU. En agissant de la sorte, Vladimir Poutine donne l'impression de vouloir provoquer un conflit armé. Pourtant, il s'agit d'une énième provocation qui vise à tester l'OTAN, les Etats-Unis et l'UE qui ont aussitôt réagi en prononçant des sanctions. L'ONU dénonce une violation du droit international. Quant aux Etats-Unis, ils déplorent la volonté russe de ne pas considérer la voie diplomatique. Dans les faits, en reconnaissant l'indépendance des régions séparatistes et en procédant à l'envoi de divisions blindées, la Russie n'a fixé aucun ultimatum et a procédé à une déclaration de guerre. Techniquement, c'est ainsi qu'il faut le comprendre.

Pourtant, l'entrée des troupes russes en Ukraine n'a pas entraîné de riposte armée de la part de l'OTAN. L'Occident privilégie dans un premier temps des sanctions économiques en vue de dissuader la Russie de poursuivre cette initiative. Considérant la manière dont Vladimir Poutine a surpris le monde occidental, il est peu probable que ces sanctions le persuadent de stopper soudainement son soutien aux régions pro-russes qu'il reconnaît désormais comme indépendantes. La crise a ainsi pris une autre dimension dramatique. L'espoir d'une issue diplomatique s'amenuise dans la mesure où la Russie a agi d'une manière pour laquelle elle ne laisse pas vraiment de marge de manœuvre à l'OTAN. La tromperie est d'autant plus grande que le Président Poutine avait accepté la veille la proposition du Président Macron de considérer un sommet diplomatique ad hoc pour la crise ukrainienne. Dans toutes les chancelleries occidentales, le ressenti est celui d'une duperie éhontée de la part de Moscou. Le scénario semblait préparé.

Le 21 février, la télévision russe retransmit une scène absolument déconcertante dans laquelle Vladimir Poutine interroge le chef des services de renseignement extérieurs du pays. [17] Il est accompagné notamment par le Premier ministre Mikhaïl Michoustine, le ministre des Affaires étrangères Serguueï Lavrov ou encore l'ancien Président et chef du gouvernement Dmitri Medvedev. Le patron du renseignement subit alors un interrogatoire marqué par des réponses mêlant balbutiements et bégaiements. In fine, il déclare soutenir, non sans mal, la reconnaissance de l'indépendance des régions de Donetsk et Lougansk. Toute cette mise en scène peut être considérée comme une manœuvre visant à démontrer toute la détermination russe de ne fléchir devant aucune exigence occidentale… et d'imposer ses volontés. Pour le camp adverse, ce positionnement du Kremlin est un affront à plus d'un titre. En effet, tant pour les Etats-Unis que les acteurs européens, la volte-face russe est une marque de mépris octroyée aux efforts diplomatiques promus par Emmanuel Macron ainsi qu'à l'acceptation de Joe Biden de se montrer

---

[17] *« Le dialogue lunaire entre Poutine et le chef du Service des renseignements russes à propos de l'Ukraine »*, www.lefigaro.fr, 22 février 2022

ouvert au dialogue tout en imposant cette condition de non-invasion du territoire ukrainien. Vladimir Poutine entend ainsi montrer que personne ne lui soumettra de conditions de négociation au préalable et qu'il est prêt à aller jusqu'au bout de ses idées. En clair, il ne craint rien ni personne. Il agit pour voir comment réagira le camp adverse. Au sein de ce dernier, tout le monde s'accorde à dénoncer l'attitude russe. Quelle doit être la réaction collective ? En effet, lorsqu'on évoque l'OTAN, il ne faut pas omettre les intérêts défendus par l'UE mais aussi par les Etats-Unis, indépendamment de l'alliance atlantique. Quant à la Russie, Vladimir Poutine vient de montrer une fois de plus qu'il est le véritable patron du vaisseau russe. Il décide. Les Etats-Unis, par l'intermédiaire de leur Secrétaire à la Défense, avaient indiqué deux jours plus tôt craindre une invasion russe en Ukraine. Cette communication était survenue la veille des efforts diplomatiques déployés par le Président Macron. Pour ce dernier, le coup doit être rude car ses efforts de dialogue ont été anéantis par un revirement de situation qui le désavoue. Il a pourtant mis en œuvre ce qu'il fallait probablement promouvoir afin d'éviter une guerre.

De nombreuses interrogations persistent. Pourquoi Vladimir Poutine a-t-il agi de la sorte ? Que cherche-t-il à obtenir ? Notre hypothèse, peut-être fausse par ailleurs, est qu'il aurait été échaudé par la condition non négociable imposée par le Président Biden de convenir d'un sommet diplomatique sous réserve que la Russie n'intervienne pas militairement en Ukraine. L'attitude du Kremlin eut peut-être été différente si cette condition n'avait pas été exposée. Pour autant, faut-il reprocher au Président des Etats-Unis d'avoir voulu s'assurer d'une forme de pacte de non-agression ? Sa condition n'était pas maladroite. Une fois de plus, il est soumis à une forte pression dans son pays. Il doit montrer qu'il est un leader fort et qu'il ne se laissera pas intimider par la Russie ou la Chine. Le problème est que le Président Poutine ne l'entend pas de cette oreille. En réagissant comme il l'a fait, il a tout simplement envoyé un nouveau signal à ses détracteurs que personne ne lui imposerait de conditions au préalable à une opportunité de dialogue. Le camp occidental réfléchit à des sanctions à imposer à la Russie. Dans un premier temps, on n'évoque pas la possibilité d'une intervention militaire aux conséquences incertaines. On essaye de trouver des moyens autres que la guerre d'aboutir à un apaisement des tensions. Le problème des sanctions est que ces dernières peuvent avoir pour effet pervers de contribuer à une escalade inarrêtable. Dès l'annonce russe de la reconnaissance de l'indépendance des régions séparatistes pro-russes, les marchés financiers se sont emballés. Tout le monde craint une guerre du gaz. Les prix d'échange du pétrole sont au plus haut depuis plusieurs années. Le 22 février, le baril de Brent s'échange au-delà de 97$ tandis que le WTI dépasse 92$. La Russie peut effectivement opter pour un arrêt temporaire des livraisons de gaz naturel à destination de l'Europe. C'est d'ailleurs ce qui a conduit l'Allemagne à déclarer qu'elle suspendait l'autorisation du pipeline Nord Stream 2 qui doit acheminer du gaz naturel russe au terminal allemand de Greifswald. Cette guerre du gaz rappelle étrangement quelques différends passés ayant opposé la Russie à l'Ukraine dans les années 2000.

A ce jour, Vladimir Poutine pousse ses adversaires dans leurs derniers retranchements. Il s'est engagé dans une guerre des nerfs. Il les teste. Il cherche à connaître leurs limites. Se risqueraient-ils à répondre militairement ? Nous demeurons convaincus qu'une guerre ne serait bénéfique ni pour la Russie ni pour l'OTAN. Pourtant, l'homme fort du Kremlin a engagé un bras de fer à l'issue incertaine, une issue pour laquelle le pouvoir de la diplomatie risque, pour le coup, de se révéler impuissant. Il démontre une nouvelle fois qu'il est un maître ès tactique et stratégie. Il se sent d'autant plus fort que la Chine l'approuve quant à son aversion pour l'OTAN. Personne ne lui apprendra cette règle d'or immuable des relations internationales : toujours trouver le moyen d'affaiblir l'adversaire. Aujourd'hui, il rudoie l'alliance occidentale.

La nécessité d'une compréhension mutuelle

Il est certain que si des parties à la crise ne veulent pas dialoguer, il est peu probable que cette dernière s'achève sans une déclaration de guerre officielle. Ce serait le pire des scénarii. Pourtant, nous continuons de croire en la diplomatie ainsi qu'au pragmatisme des différents acteurs au cœur de cette guerre des nerfs. Pour le monde occidental, il est impératif de se montrer uni face à la Russie qui souffle le chaud et le froid en vue de le déstabiliser. Les bonnes intentions occidentales ne sont pas à remettre en question. En face, l'adversaire se nomme la Russie. Cette dernière est pilotée de main de maître par un homme formé à la vieille école soviétique en pleine guerre froide. Vladimir Poutine se montre inflexible, intransigeant et glacial avec ses détracteurs. Il incarne l'homme fort, celui qui ne se laisse pas influencer par des menaces. Il n'a jamais fermé les portes au dialogue mais il refuse toute forme de condition imposée pour la poursuite des discussions. En somme, il se veut offensif pour mieux comprendre ce que le camp adverse est prêt à mettre en place pour le contrer. Lorsqu'il entreprend de reconnaître l'indépendance de plusieurs régions ukrainiennes et décide d'y envoyer des divisions blindées, il sait qu'il a atteint un point sensible du côté occidental. Que faire ? Répliquer par la force ou bien faire montre de tempérance et opter pour une autre stratégie tout en ne cédant aucunement devant les provocations russes ? Vladimir Poutine a joué son coup. Il appartient désormais aux Occidentaux de lui donner la réplique.

Le 22 février 2022, le Président Joe Biden annonça son intention de s'adresser aux Américains. Entre temps, le Président russe a réitéré sa reconnaissance de la souveraineté des séparatistes dans les régions de Lougansk et de Donetsk. L'OTAN est désormais convaincue d'une attaque imminente des forces armées russes dans ces zones. L'organisation atlantique a ainsi mis sa force de réaction rapide en état d'alerte. Les dernières nouvelles de la journée ne sont pas rassurantes. Le dialogue semble rompu avec Moscou.

Les faits relatés par les médias sont inquiétants. Lorsqu'on suit la chronologie des événements entre le 19 et le 22 février, la conclusion qui s'impose est celle d'une dangereuse escalade des tensions se dirigeant vers un point de non-retour. C'est l'impression qui se dégage. Certes, il est difficile dans ces conditions de communiquer avec le Kremlin. En y regardant de plus près, le dialogue avec la Russie est difficile depuis plusieurs décennies. On a parfois l'impression de vivre les pics de tension qui caractérisèrent naguère la guerre froide. Ce temps est révolu depuis trois décennies mais le parfum de cette période houleuse des relations internationales modernes ne s'est jamais véritablement dissipé. Aux yeux de l'Occident, la Russie demeure un acteur suspect voire un ennemi. L'opposition a changé de nature. Vladimir Poutine compte restaurer la grandeur de son pays sur la scène internationale et s'en donne les moyens. Il provoque, il intimide, il menace. Le niveau de provocation auquel il s'adonne peut surprendre car il laisse le monde occidental imaginer qu'il est prêt à tout pour obtenir satisfaction, y compris l'hypothèse de déclencher une guerre. Lorsqu'on se plonge dans sa vision du monde contemporain, il ne cache pas son approche multipolaire des relations internationales. Dans la manière de l'exprimer, il prend le soin de sous-entendre que la Russie est un pôle à part entière. Il ne dispose pas de la puissance économique américaine ou bien de l'UE mais il a d'autres arguments à faire valoir. La Russie possède un arsenal militaire de qualité. Elle dispose de ressources naturelles convoitées par l'Europe, bien que cette dernière envisage de sanctionner Moscou sur ses exportations énergétiques. Ce ne sont probablement pas ces sanctions qui feront hésiter le Kremlin. Ce dernier s'appuie sur un soutien de poids avec la Chine. Cela change complètement la donne. Bien qu'il s'agisse d'une alliance de circonstance, Russes et Chinois savent se montrer redoutables de pragmatisme lorsqu'il faut contrarier les intérêts occidentaux. En l'occurrence, de ce point de vue, leurs intérêts réciproques convergent.

Pour autant, cela ne fait pas du tandem Moscou-Pékin un pôle des relations internationales. Chacun constitue un pôle. En somme, lorsqu'on analyse la crise ukrainienne, nous nous rendons compte que l'alliance occidentale se retrouve confrontée à un véritable problème de fond : Etats-Unis-UE contre Russie-Chine. Dans chaque camp, un géant politique et économique semble plus puissant que son allié. La différence fondamentale est que l'UE ne s'aventurerait pas à déclarer une guerre à la Russie. La Russie, seule, peut en déclencher une. Autrement dit, une action armée de l'OTAN ne peut être envisagée sans une intervention américaine. La Russie n'a pas besoin d'une aide chinoise pour s'engager dans une lutte armée contre le monde occidental. Il serait par ailleurs surprenant que la Chine intervienne dans un tel conflit armé. Toutefois, le fait est que la Russie appuie là où l'alliance atlantique est la plus vulnérable : il ne peut y avoir de riposte militaire sans une intervention américaine. Pour le coup, il n'est pas certain que Joe Biden soit enclin à mobiliser ses troupes pour une guerre contre la Russie. D'une part, il n'a aucune certitude de remporter une lutte armée contre une autre puissance militaire de premier plan. D'autre part, une guerre en Europe de l'Est aurait sans doute des incidences sur la géopolitique indo-pacifique, précisément là où opère l'alliance Aukus.

Sans surprise, la revue de presse du 23 février fait état de l'intervention télévisée du Président Biden. Il a ainsi déclaré vouloir renforcer l'arsenal des sanctions contre la Russie. Il annule le sommet diplomatique avec la Russie puisque cette dernière a violé la condition qu'il lui avait soumise. Aux Etats-Unis, cette intervention a surtout le don de mettre en évidence les dissensions politiques internes. Si CNN se contente de relater de manière neutre les nouvelles sanctions à venir [18], Fox News se veut beaucoup plus critique en affirmant que Joe Biden ne veut pas affronter Vladimir Poutine dans un conflit armé [19], sous-entendant ainsi que la Maison Blanche craint de s'engager dans une guerre contre le Kremlin. Du côté de Moscou, la nuit a semble-t-il porté conseil. Le Président Poutine martèle que son pays reste ouvert « *à un dialogue direct et honnête* » tout en précisant que tout ce qui se réfère à la sécurité de son pays n'était pas négociable. [20] En apparence, le ton se veut plus conciliant, signe manifeste d'une volonté de ne pas à avoir à s'engager dans une issue extrême. Pourtant, ce message rajoute de l'huile sur le feu puisqu'il traduit une fermeté voire une inflexibilité. En somme, c'est lui qui pose les conditions au dialogue avec le camp adverse. Son intervention est aussi caractérisée par un rappel beaucoup moins pacifique puisqu'il évoque les nouvelles armes développées par la Russie, dont certaines qu'il qualifie

---

[18] Kevin Liptak, *"Biden says Russia is beginning an 'invasion of Ukraine' as he unveils sanctions on Moscow"*, edition.cnn.com, 22 février 2022

[19] Michael Lee, *"US military firepower rushing to Ukraine as besieged nation faces Russian invasion"*, www.foxnews.com, 22 février 2022

[20] AFP, *"Poutine se dit «ouvert au dialogue» mais les intérêts russes restent «non négociables»"*, www.lefigaro.fr, 23 février 2022

« d'invincibles ». [21] En résumé, il ne fait qu'appliquer à la lettre cette vieille locution latine qui préconise que quiconque souhaitant la paix doit se préparer à la guerre.

Le dialogue avec la Russie sera difficile à défaut d'être impossible. Une guerre demeure toujours évitable dès lors que de bonnes volontés manifestent leur intention de ne pas avoir à en découdre sur un terrain armé. L'alliance occidentale ne reste pas sans réaction puisque des ordres ont été donnés pour positionner des troupes et de l'armement à proximité de la frontière russe. La diplomatie peut encore faire en sorte que cette crise politique soit réversible et qu'elle aboutisse à une désescalade des tensions. La tâche ne sera pas aisée. Au cœur du problème, nous relevons la thèse huntingtonienne du choc des civilisations et des cultures. C'est probablement un point sous-jacent sur lequel s'appuie Vladimir Poutine.

Depuis la fin de la guerre froide, la communauté internationale est grandement guidée ou influencée par des standards occidentaux. Cette situation n'était possible qu'en raison de la domination écrasante du monde occidental, mené par les Etats-Unis, sur le monde. La donne a considérablement évolué depuis lors. Des puissances non-occidentales s'affirment sur la scène internationale et manifestent sans détour leur rejet des standards que l'Ouest cherche à imposer dans le monde. Au nom de la démocratie ou des droits de l'Homme, ce dernier a déclenché des guerres en Afghanistan ou en Irak pour lesquelles le bilan militaire n'est pas brillant. Pendant que les forces coalisées s'enlisaient sur ces terrains où elles parvinrent à déloger les leaders politiques qu'elles visaient, elles ont ensuite connu une période d'instabilité socio-politique chronique et la montée en puissance du terrorisme. Tout cela a nui à la

---

[21] *Ibidem.*

crédibilité du *hard power* occidental tandis qu'en même temps, certains pays connaissaient une forte croissance économique couplée à un accroissement qualitatif et quantitatif de leur armement. En d'autres termes, le *hard* et le *soft power* de la Chine et de la Russie ne sont plus comparables à ceux des années 2000. De nos jours, ces deux pays peuvent désormais s'engager dans un bras de fer avec le monde occidental et s'opposer fermement à ce dernier, quitte à laisser planer la menace d'une guerre. C'est dans ces conditions que le choc civilisationnel et culturel prend d'autant plus de relief. Il s'agit de composer avec des acteurs qui ne partagent pas une vision des choses qui va dans le sens de celles de l'Occident. Ils n'acceptent plus la domination occidentale. C'est ainsi que l'épreuve du dialogue s'en retrouve plus difficile. Le monde occidental comprend qu'il ne peut plus imposer à sa guise ses vues et pensées lorsqu'il s'adresse à la Russie ou à la Chine. L'intimidation ne fonctionne pas avec Moscou ou Pékin. Il est désormais temps d'appréhender la problématique du dialogue. La Russie n'acceptera jamais de s'engager dans une tentative de résolution diplomatique où le géant eurasien ne sera pas considérée comme l'égal du monde occidental. C'est ainsi que Vladimir Poutine prépare les prochaines étapes diplomatiques en vue d'apaiser la crise ukrainienne. Une fois de plus, le monde a changé. Il en va de même pour les codes de communication.

Conclusion

La crise ukrainienne est un parfait exemple de complexité géopolitique. Comment un problème interne, celui d'un pays comprenant deux nations, devient un enjeu de préoccupation internationale impliquant les plus grandes puissances politiques de la planète ? Ce différend diplomatique confirme aussi l'évolution des relations internationales dans une tendance où la domination américaine, et plus généralement occidentale, n'est plus aussi manifeste que lors des années 1990 et 2000. En affirmant cela, nous ne défendons pas la thèse d'un déclin américain ou occidental. Il est plus convenable d'évoquer une réduction de l'écart qui séparait le monde occidental du reste du monde. A ce jour, plusieurs Etats voient leur puissance (*hard* et *soft power)* croître au point de leur permettre de s'exprimer d'égal à égal avec le monde occidental. La qualité de l'armement d'un pays favorise son positionnement sur l'échiquier international. Bien que l'économie de la Corée du Nord soit exsangue, ses armes nucléaires sont ainsi redoutées par la communauté internationale et c'est précisément cet armement qui permet à la famille Kim de conserver son emprise sur le pays. Lorsque la Russie déclare posséder des armes qu'elle présente comme « invincibles », les services de renseignement étrangers ont une idée de la qualité de ces armes, de leur puissance et de leur potentiel destructeur. Ainsi, un pays détenant des armes susceptibles de générer des destructions à grande échelle sera considéré avec prudence par ses adversaires. Plus les armes sont puissantes et plus elles seront dissuasives. Par armement, il ne faut pas uniquement comprendre l'armement militaire. Le numérique constitue désormais une arme de premier plan pour quiconque disposant des capacités de nuire à distance via des cyberattaques. En l'occurrence, quatre grandes zones géographiques peuvent se prévaloir de posséder ces deux grands atouts : les Etats-Unis, la Chine, la Russie et l'UE. Or la crise ukrainienne mêle directement trois d'entre eux et indirectement le quatrième. En effet, Washington, Moscou et Bruxelles sont directement concernés par ces tensions en Europe orientale notamment en raison de l'implication de l'OTAN. Quant à la Chine, elle apporte son soutien politique à la Russie et a publiquement exprimé ses critiques à l'égard de l'OTAN et l'Aukus, un moyen habile et efficace de faire passer le message que Pékin se range du côté de Moscou pour la crise ukrainienne.

Le Président Zelensky a de nombreuses raisons de craindre l'issue diplomatique de cette crise. Il sera impuissant au regard des forces étrangères en présence qui se penchent sur cette affaire. Quelle peut être sa marge de manœuvre considérant que les Etats-Unis, la Russie, l'UE et la Chine défendent des intérêts antagonistes dans cette crise ukrainienne ? Comment peut-il effectivement tirer son épingle du jeu tandis que les quatre plus grandes puissances politiques et militaires de la planète se testent au sein d'un savant jeu de pouvoir qui illustre la réalité des relations internationales ? Le Président Poutine va continuer de titiller l'Occident. Il se sent fort car au-delà de sa puissance militaire, l'ombre bienveillante de Pékin rappelle à l'OTAN que si la Russie est officiellement engagée seule dans cette tension contre l'alliance occidentale, la Chine n'a pas manqué de communiquer à plusieurs reprises pour exprimer son positionnement sur le sujet… En somme, malgré la gravité de la situation, cet état de fait nous laisse penser que l'opposition est telle qu'il serait irrationnel de provoquer une guerre. Personne n'a envie de s'engager dans un conflit armé pour lequel il n'a aucunement la certitude d'en sortir vainqueur. Le jeu de la Russie est de montrer qu'elle est déterminée à aller jusqu'au bout si l'OTAN n'accepte pas ses conditions. Elle affiche donc son intransigeance. Le monde occidental n'était pas habitué à pareille attitude dans les années 1990 et 2000. Ce dernier doit par conséquent composer avec cette réalité. Il est mal à l'aise car un tel cas de figure est une nouveauté. La Russie et la Chine ne vont pas se priver de s'engouffrer dans cette brèche pour faire valoir leurs positions et envies sur la scène internationale. C'est sans doute ce qui explique la réaction du Président Biden de se montrer mesuré dans sa communication : il annonce des sanctions contre Moscou et l'ordre donné de se montrer prêt à intervenir militairement. Toutefois, la tonalité du discours est moins offensive que celle de

Vladimir Poutine qui se veut bien plus tranchante. Depuis la fin de la guerre froide, les Etats-Unis n'ont plus l'habitude que quiconque leur tienne tête de la sorte. Pourtant, cette réalité n'est pas nouvelle. En 2014, lorsque le monde occidental sanctionna la Russie pour ce qui était déjà une crise avec l'Ukraine, Moscou se tourna vers Pékin en vue d'immenses accords commerciaux portant sur le gaz naturel qui lui permirent de compenser dans la durée le manque à gagner avec l'Occident. Plus récemment, c'est Pékin qui envoya un signe à Washington en scellant d'imposants contrats commerciaux avec l'Iran, pays placé au ban de la communauté internationale par les puissances occidentales. Pire, les Etats-Unis s'étaient montrés menaçants à l'égard de tout acteur allié ayant la tentation de commercer avec l'ancienne Perse. La Chine montra ainsi qu'elle ne se laissait nullement impressionner par les intimidations de la Maison Blanche. Lors de la présidence Trump, les Etats-Unis s'étaient lancés dans différentes batailles commerciales, douanières, technologiques et autres avec la Chine. Cette dernière ne manifesta aucun signe de faiblesse et répliqua au coup par coup en fonction de l'intensité des sanctions la visant. Tout cela est survenu pendant la décennie 2010.

Comme déjà évoqué dans cette réflexion, le monde occidental a également été marqué par ses difficultés récurrentes à lutter contre le terrorisme. Il a subi l'humiliation de quitter l'Afghanistan dans les conditions imposées par les Talibans. Il s'est mépris sur la crise kazakhe qui éclata au grand jour en janvier 2022. Tout cela contribua à le discréditer sur la scène internationale... tout en faisant les affaires de la Chine et de la Russie. Le différend ukrainien n'intervient donc pas à n'importe quel moment. Quant à l'escalade des tensions, elle prend une autre tournure dès l'instant où la Chine apporte son soutien à son voisin russe. Dans ces conditions, il n'est dès lors pas surprenant que Vladimir Poutine agisse de la sorte en faisant toujours plus planer le spectre de la provocation d'une guerre. Il joue une partition à la seule fin de savoir ce que ses adversaires ont dans le ventre. Depuis longtemps, personne ne s'était aventuré à agir de la sorte avec les acteurs qui dominaient le *hard* et le *soft power* mondial.

Les relations internationales seront tendues. Tout sera prétexte à afficher un esprit de compétition, de montrer qui est le plus fort. S'il y a un pays à plaindre dans ce contexte, c'est l'Ukraine. S'il est faux d'affirmer que le pays n'est pas considéré dans les médias, c'est surtout l'opposition Russie-OTAN qui est mise en exergue. En d'autres termes, le sort de Kiev s'en retrouve presque relégué au second plan. A l'heure où nous rédigeons ces lignes, nul ne sait ce qu'il adviendra de l'unité ukrainienne. La Russie a frappé un grand coup en reconnaissant l'indépendance des régions de Donetsk et de Lougansk. Il est certain que l'adversité se refusera à admettre une telle reconnaissance. Ces régions séparatistes vont continuer de faire l'objet de tensions. Si Kiev et l'OTAN devaient reconnaître cette indépendance, ce serait à l'évidence une grande victoire de la diplomatie russe et un tour de force politique qui marquerait durablement les esprits. Quant à la nécessité de conserver une zone tampon en Europe de l'Est entre la Russie et l'OTAN, elle est plus que jamais d'actualité. Il est par conséquent logique que Moscou exige que l'Ukraine n'adhère pas à l'alliance atlantique. Sur ce point, le Kremlin a de bonnes raisons d'espérer obtenir satisfaction. Malgré le fait que le risque d'une guerre Russie-OTAN ne soit pas écarté, nous demeurons convaincus qu'il n'y en aura pas. Il y a trop de belligérants de premier plan en opposition. La *realpolitik* qu'Henry Kissinger définit comme « *la politique étrangère fondée sur le calcul des forces et l'intérêt national* » [22] primera.

Cependant, elle ne fera que renforcer ce sentiment de multipolarité du monde et le rétrécissement des niveaux de puissance entre les Etats ou ensembles politiques dominants. Pour paraphraser le titre d'une œuvre fameuse de Jean Giraudoux, *La guerre de Troie n'aura pas lieu*. Quant à Kiev, la ville continuera d'être la capitale sacrifiée en Europe de l'Est. Elle constituera cette zone intermédiaire qui permettra aux deux camps de ne pas partager de frontières terrestres dans cette région aussi sensible. Malgré le soutien de l'UE et de l'OTAN, le pays continuera d'évoluer avec les maux internes qui le fragilisent tant. En effet, si la diplomatie espère aboutir à une issue favorable entre Moscou, Washington et Bruxelles, l'Etat ukrainien demeurera ulcéré par ce contexte binational marqué par les Ukrainiens pro-européens d'une part et les personnes de citoyenneté ukrainienne mais pro-russes d'autre part. En d'autres termes, si les tensions opposant la Russie à l'OTAN peuvent s'estomper (l'effet serait vraisemblablement temporaire car le contexte ukrainien continuera d'être un facteur de crise diplomatique entre l'Est et l'Ouest, pour reprendre une terminologie de la guerre froide) grâce à la diplomatie, les problèmes socio-politiques internes de l'Ukraine ne disparaîtront pas. Quant à l'alliance atlantique, elle joue gros dans cette crise : si elle cède trop aux revendications russes, sa puissance politique en sera d'autant plus contestée et fragilisée. En 1948, Raymond Aron avait intitulé le premier chapitre d'une de ses œuvres « *Paix impossible, guerre improbable* ». [23] C'est sans doute la formule qui décrit le mieux la rivalité Est-Ouest qui n'a jamais cessé de croître et de se confirmer depuis les années 2000. Concluons cette analyse avec une autre pensée de Raymond Aron, celle présentant sa vision réaliste des relations internationales pour laquelle il évoquait des périodes de paix et d'autres de guerre. Il avait

---

[22] Henry Kissinger, *Diplomatie*, éditions Fayard, 1996, p. 123
[23] Raymond Aron, *Le grand schisme*, éditions Gallimard, 1948, 385 pp.

ainsi désigné deux acteurs incontournables : le soldat et le diplomate. C'est tout le résumé de la crise ukrainienne. A ce jeu, Vladimir Poutine excelle dans les deux rôles.

Et Vladimir Poutine donna l'ordre d'attaquer l'Ukraine…

Dans la nuit du 23 au 24 février 2022, le scénario tant redouté en Occident s'est produit : la Russie a déclenché une opération militaire en Ukraine. La guerre est donc déclarée. Elle est également condamnée par le monde occidental. Vladimir Poutine a osé.

Aussitôt, les réactions fusent.

Le Président ukrainien Volodymyr Zelensky vient de décréter la loi martiale et demande que les troupes russes subissent un maximum de pertes. L'Union européenne (UE) annonce son intention de convoquer un sommet de crise pour le 24 février. Le Premier ministre britannique Boris Johnson réclame une réunion d'urgence des dirigeants de l'OTAN. Vladimir Poutine a osé.

Les médias rapportent que des explosions ont été entendues à Kiev, à Odessa et dans d'autres grandes villes d'Ukraine. Les premières victimes militaires et civiles commencent à être comptabilisées par dizaines. L'armée russe annonce des gains territoriaux. Vladimir Poutine a osé.

L'Europe de l'Est s'embrase pour de bon. Le monde occidental n'a jamais été contrarié de la sorte par aucune puissance extérieure depuis la fin de la guerre froide. L'ordre mondial serait-il en train de basculer ? Vladimir Poutine a osé.

En Occident, on s'indigne, on déplore, on condamne. Certes. Bien que le scénario d'une guerre ait été appréhendé, il faut désormais convenir collectivement de la riposte à apporter. Faut-il tenter une nouvelle opération diplomatique de la dernière chance ? Dans pareil cas, le maître du Kremlin se retrouvera incontestablement en position de force. Faut-il répondre à une attaque armée par le déclenchement d'hostilités impliquant une coalition internationale ? Ce serait la confirmation d'une guerre opposant la Russie à l'alliance atlantique. Vladimir Poutine a manifesté son impatience et son ras-le-bol de communiquer pour recevoir en retour des conditions de négociation ou l'imposition de sanctions. Il a unilatéralement décidé de mettre un terme à son impatience. Il n'a d'ordre à recevoir de personne. Le message envoyé est parfaitement clair. Il s'est préparé à la guerre. Nous défendons l'hypothèse qu'il n'ait pas apprécié le dialogue avec l'Occident, cette manière de lui poser des conditions et des menaces en cas de non-respect de ces dernières. On n'impose rien à la Russie. Pour l'alliance atlantique, c'est la stupéfaction. Pour la première fois, une puissance étrangère la provoque au point de mettre ses menaces à exécution.

Nous sommes en train d'assister à un moment charnière des relations internationales. C'est une certitude. Nous avons toujours défendu la thèse que le scénario d'une guerre était peu probable car les risques pour les protagonistes étaient grands considérant l'incertitude qui pèse sur une telle perspective. Le Kremlin a montré sa détermination sans faille d'aller jusqu'au bout des choses et d'affronter ses adversaires occidentaux, quitte à provoquer une guerre. Notre première réaction porte sur l'assurance du chef de l'Etat russe. Il se sent suffisamment fort pour envoyer ses adversaires dans les cordes du ring. Les jours précédents, il avait à plusieurs reprises indiqué être ouvert au dialogue tout en posant des conditions qui laissaient entendre qu'il n'hésiterait pas à aller jusqu'au bout de sa pensée. Il a ainsi laissé la porte entrouverte à une résolution diplomatique de la crise tout en communiquant d'une manière à placer l'alliance atlantique dans une position d'inconfort. Après plusieurs jours d'une escalade incessante des tensions, le maître du Kremlin a démontré une fois de plus qu'il est un redoutable joueur d'échecs. En d'autres termes, il a forcé les choses. La balle est désormais dans le camp occidental. Libre à lui de répondre à la force par la force ou bien de concéder un aveu de faiblesse face à une situation qui lui échappe. Le message de Moscou est le suivant : « j'ai assumé mes choix. Faites de même. »

Le 24 février, à mi-journée en Europe occidentale, la panique s'est emparée des marchés financiers. Les bourses sont perturbées par les événements survenus quelques heures plus tôt en Europe orientale. Quant aux marchés pétroliers, sans surprise, ils connaissent une flambée des prix. C'était prévisible. Tout le monde a peur d'une guerre opposant la Russie à l'OTAN et de toutes les perturbations qui peuvent être induites par un tel événement : une demande croissante soudaine à laquelle l'offre ne pourrait pas répondre, des conséquences sur les approvisionnements, des destructions d'infrastructures stratégiques, etc. Dans de pareilles conditions, le baril de Brent s'échange à plus de 105$ tandis que le WTI frôle 100$. Ces prix d'échange n'avaient plus été atteints depuis août 2014. A l'époque, les marchés sortaient d'une période longue de quatre ans avec des prix d'échange de l'or noir supérieurs à 100$.

La crise ukrainienne de 2013 et 2014 avait influencé les prix d'échange d'alors notamment en raison de la guerre du Donbass et de la crise de Crimée. Ces derniers étaient déjà élevés puisque comme indiqué ci-dessus, ils furent supérieurs à 100$ par baril pendant près de quatre ans. Toutefois, au sortir de la crise ukrainienne de 2014, ils commencèrent à baisser. En février 2022, le cas de figure est différent. Les prix s'enflamment car les tensions prennent une dimension beaucoup plus dramatique avec l'« opération militaire » (dixit la communication officielle du Kremlin) en Ukraine. Cette dernière est officiellement opérée en vue d'assurer la paix dans les régions séparatistes, reconnues comme indépendantes par Moscou. Toute l'incertitude plane autour de la réaction de l'OTAN. En Occident, l'intrusion russe en territoire ukrainien et les frappes opérées par la Russie sont perçues comme une guerre. Cette dernière oppose la Russie à l'Ukraine. En revanche, ce conflit prendrait une autre dimension si l'OTAN, les Etats-Unis et l'UE décidaient à leur tour de s'engager dans la lutte.

Il n'y a pas eu de bluff. Vladimir Poutine avait donné le ton. Il se sent d'autant plus fort que la Chine ne condamne pas cette opération militaire. La dimension dramatique est d'autant plus critique que le monde occidental comprend qu'il n'est pas seulement contesté. Il est mis à l'épreuve dans une guerre des nerfs pour laquelle il devra prendre la bonne décision : soit calmer le jeu et concéder à la Russie ce qu'elle souhaite ; soit s'engager dans un conflit économique (l'Occident va prochainement décider de nouvelles sanctions économiques) voire armé pouvant mener à des conséquences incertaines pour tous. La Russie vient de montrer qu'elle ne reculerait devant rien ni personne. Elle montre surtout qu'elle est parvenue à faire basculer la crise dans un scénario où elle est désormais en position de force pour négocier. Malgré les menaces, les intimidations et les sanctions occidentales, elle avait prévenu qu'elle serait ouverte au dialogue dès lors qu'on ne lui imposerait aucune contrepartie. L'alliance occidentale a désormais peu de temps pour contrarier l'offensive russe.

Dans la vision des relations internationales de Raymond Aron, le soldat et le diplomate en étaient les principaux personnages. Le soldat vient de frapper. Un autre viendra-t-il répliquer ou bien le diplomate prendra-t-il le relais ? Nous n'avons jamais été aussi proches d'une guerre opposant la Russie à l'alliance atlantique bien que nous pensions qu'un tel scénario n'eût que peu de chances de se produire. La diplomatie n'a pas définitivement échoué. Les hostilités peuvent rapidement s'arrêter mais dans le camp occidental, la réflexion doit porter sur l'interrogation suivante : comment dialoguer tout en ne donnant pas l'impression à la Russie de céder devant ses exigences ? A l'instar des attentats du 11 septembre 2001 qui marquèrent un tournant dans les relations internationales contemporaines, la nuit du 23 au 24 février 2022 laissera assurément une trace marquante dans l'évolution de ces dernières au XXIème siècle. La domination occidentale n'a jamais été autant ébranlée depuis la fin de la guerre froide.

La guerre hybride russe
Février 2022

Dans la nuit du 23 au 24 février 2022, le monde fut plongé dans l'effroi lorsque le Kremlin annonça officiellement le lancement d'une opération militaire dans les zones séparatistes pro-russes d'Ukraine. Cette décision fut l'étape supérieure qui mena à la reconnaissance russe de l'indépendance des Républiques de Donetsk et de Lougansk. Ces reconnaissances ont été réfutées par le monde occidental. Jusqu'où Vladimir Poutine était-il prêt à aller pour manifester ses intentions belliqueuses et provoquer ceux avec lesquels le dialogue demeure compliqué ? La réponse ne tarda pas. Les troupes russes reçurent rapidement l'ordre d'avancer dans les terres ukrainiennes et de mener des opérations militaires dans plusieurs régions. La Russie ne manqua pas de dévoiler son intention de prendre Kiev et de débarquer le Président Zelensky dont il se murmure en Occident que Moscou en aurait fait sa cible numéro un. L'intervention russe en Ukraine inquiète au plus haut point le monde occidental. Que souhaite vraiment Vladimir Poutine ? Contrairement à certaines idées véhiculées en Occident, le nationalisme russe est prédominant en Russie. Les Russes ne condamnent pas l'intervention en Ukraine. Du côté occidental, il est certain que la situation est présentée sous l'angle des mensonges, de la manipulation orchestrée par les instances dirigeantes russes. A Moscou, l'appréhension du problème est différente. Nous avons une conviction : pour se maintenir au pouvoir, Vladimir Poutine n'aura pas d'autre choix que de gagner la guerre. S'il la perd, c'est la stabilité du régime politique qui serait remise en question. Dès lors, le camp occidental mise sur une déstabilisation interne : si la guerre en Ukraine dure et qu'elle génère de nombreuses victimes russes, il se pourrait alors qu'un mouvement de protestation voie le jour. En somme, pour Vladimir Poutine, l'Ukraine ne doit pas devenir un nouvel Afghanistan.

Dans les médias, les images de désolation ont rapidement fait le tour du monde. Victimes civiles et militaires, immeubles et autres constructions frappés par des explosions, scènes d'exode de nombreux Ukrainiens, etc. sont autant de témoignages qu'une guerre a véritablement été déclenchée en Europe de l'Est... bien que la Russie s'en défende. Cette dernière maintient un vocabulaire que l'Occident n'accepte pas lorsqu'elle évoque une opération militaire à des fins de paix... Depuis lors, des villes ont été assiégées. Les victimes civiles et militaires se comptent désormais par centaines voire milliers. Plusieurs grandes villes du pays s'apparentent désormais à des champs de ruines. Les images sont choquantes. La Russie a poussé la provocation jusqu'à un point de non-retour. A Kiev et dans le reste du pays, l'opposition armée s'est organisée et bénéficie du soutien logistique de plusieurs pays. L'offensive russe se heurte à une résistance plus consistante que ce qu'elle avait pu imaginer. Dans les médias, de nombreuses informations circulent, certaines étant parfois contradictoires. Nous essayons de comprendre comment le Kremlin a mis en place cette guerre hybride. Il s'agit en effet d'une opposition qui se matérialise par un engagement armé en Ukraine mais également par une vraie stratégie portant sur l'information. Le problème est que lorsqu'on trie les informations qui circulent, il n'est pas simple de détecter les bonnes. En Occident, il est dit que la Russie a sous-estimé la résistance ukrainienne, que les forces armées russes se heurtent à des pénuries d'approvisionnements en essence et en nourriture, que certains bataillons russes refusent désormais de se battre contre un peuple frère, que l'armée russe a reçu des informations mensongères sur les véritables raisons de sa présence près des frontières ukrainiennes pendant plusieurs semaines, etc. En somme, le monde occidental commence à défendre la thèse que le Président russe a accumulé les erreurs de jugement ou d'appréciation. Il se murmure également que de nombreux mouvements refusant la guerre se manifestent de plus en plus en Russie. Il est certain que cette guerre n'y est pas unanimement approuvée aux dires occidentaux. Dans les grandes villes russes, il y a assurément des gens qui s'opposent à la guerre mais il n'y a pas de véritable vindicte populaire.

En revanche, la tournure des événements est d'autant plus inquiétante que début mars 2022, une nouvelle menace a fait frissonner le monde : des frappes russes ont atteint la plus grande centrale nucléaire d'Ukraine, celle de Zaporijia. Il ne s'agissait évidemment pas de frappes accidentelles. Cette infrastructure nucléaire était bien visée. La détermination du Kremlin semble plus que jamais redoutable. C'est un pas de plus allant dans le sens de l'éclatement d'un conflit nucléaire. Pourtant, en Occident, les analystes militaires, politiques et autres se refusent à croire que la Russie puisse « dégainer » ainsi l'arme nucléaire. En somme, les frappes menées sur la centrale de Zaporijia ne constitueraient qu'un avertissement de plus en provenance de Moscou, mais qui revêt cependant une dimension toujours plus inquiétante.

Le son de cloche de Moscou est différent sur ce même sujet. Qui dit vrai ? Pendant ce temps, le monde occidental multiplie les sanctions économiques contre Moscou. Aux armes, la réponse occidentale se traduit pas une volonté d'asphyxier l'économie russe. L'Ukraine bénéficie d'une aide logistique conséquente de la part de ses alliés. De même, l'Union européenne (UE) étudie désormais les dossiers de candidature de l'Ukraine, de la Géorgie et de la Moldavie en son sein. Du côté de l'OTAN, on se prépare à toute éventualité. Le Président français Emmanuel

Macron maintient un dialogue régulier avec son homologue russe. Des discussions bilatérales Ukraine-Russie sont engagées mais les revendications de chacun semblent bien trop éloignées pour escompter un rapide apaisement des tensions. Une solution envisagée serait la partition de l'Ukraine. Nous y reviendrons mais nous ne sommes pas convaincus qu'une telle issue résoudrait les maux du pays.

Enfin, comment ne pas évoquer les Etats-Unis et la Chine ? Tous deux demeurent plutôt discrets. Certes, cette opposition armée en Ukraine se déroule loin de leurs frontières. Du côté de Washington, la discrétion est d'autant plus surprenante que les Etats-Unis font partie de l'OTAN. La guerre des nerfs apparente, telle que nous la décrivons dans une autre réflexion de ce livre, se déroule également au sein des arcanes les plus sombres de l'establishment politique américain. L'Ukraine fait partie des pays qui intéressent les Etats-Unis au plus haut point car cette ancienne république soviétique incarne une zone stratégique de premier plan en Europe de l'Est. Nous y reviendrons plus tard mais souvenons-nous des événements de Maïdan en 2013 et du soutien indéfectible apporté par les dirigeants américains d'alors, dont Hillary Clinton qui se rendit sur place. Il existe évidemment d'autres intérêts qui expliquent sans doute, partiellement, la position américaine d'aujourd'hui : elle observe, suit l'évolution des choses et ne se montre pas spécialement menaçante à l'égard de la Russie si ce n'est qu'elle apporte un soutien logistique à l'Ukraine. Vladimir Poutine a mis en place ce qu'il qualifie d'« intervention militaire » en Ukraine. Pourquoi ne l'a-t-il pas fait avec les pays baltes ou la Finlande ? Les pays cités font tous partie de l'UE et de l'OTAN, à l'exception de la Finlande qui, au regard de la crise ukrainienne, a rapidement manifesté sa volonté de rallier l'organisation atlantique. Une agression contre un de ces pays aurait nécessairement débouché sur une guerre impliquant de nombreux acteurs étatiques. Avec l'Ukraine, ce n'est pas le cas. Kiev bénéficie du soutien politique du monde occidental mais personne n'est jusqu'à présent intervenu là-bas pour combattre les forces armées russes. L'Occident prête à Vladimir Poutine une envie irrépressible de conquête territoriale. Certaines voix défendent la thèse qu'il ne s'arrêtera pas à l'Ukraine. Dans pareil cas, cela poserait évidemment la question du déclenchement d'une guerre de grande envergure… Pourtant, serait-ce sa véritable ambition ? Le doute est permis. Toutefois, essayons de comprendre ce que cette crise ukrainienne revêt comme intérêts.

En Occident, tout ce qui se rapporte au maître du Kremlin fait désormais l'objet de commentaires enflammés, acerbes et dépréciatifs sur sa personne. Tout ce qui vient de Russie est suspect. En Russie, on fustige les informations occidentales qui sont perçues comme une forme de propagande antirusse. La guerre de l'information existe depuis déjà bien longtemps. Elle est désormais accompagnée d'une lutte armée en Ukraine opposant l'armée russe à l'ukrainienne. La Russie s'appuie désormais sur cette lutte armée pour laisser planer de nouvelles menaces sur l'Occident tandis que ce dernier intensifie ses sanctions économiques contre Moscou. Quant au dialogue diplomatique, bien qu'il paraisse complexe, il peut toujours être la clé de bien des compromis. En revanche, l'issue de la crise ukrainienne aura une incidence sur le cours des relations internationales. La Russie a clairement manifesté son intention d'en découdre avec l'Occident et de lui montrer qu'elle était elle aussi une puissance politique et militaire de premier plan. Tandis que les dirigeants occidentaux craignent que cette crise s'inscrive dans la durée, il serait effectivement surprenant qu'elle prenne fin rapidement…

En Russie et en Occident, la crise ukrainienne n'est pas présentée de la même manière. En Russie, la position officielle défend l'idée que le pays a été agressé par l'armée ukrainienne. En Occident, l'intervention militaire russe est qualifiée d'agression et de déclaration de guerre contre l'Ukraine. En Russie, on fustige les sanctions économiques imposées par l'alliance occidentale. En Occident, on dénonce l'irrationalité et la folie du Président de la Fédération qui met en péril la sécurité mondiale. De chaque côté, les informations relatives à la crise ukrainienne sont présentées différemment. S'il y a un domaine sur lequel la Russie et l'alliance occidentale s'accordent, c'est précisément celui qui tend à affirmer que le camp adverse fait circuler des informations mensongères. Il est inutile de le nier : il y a eu des mensonges. Lorsque qu'il fut dit que la centrale nucléaire de Zaporijia avait été atteinte par des frappes, le monde occidental précisa aussitôt que ces dernières étaient russes. En Russie, l'information communiquée était différente. Il fut reconnu que des frappes fussent effectuées dans cette zone géographique mais que les incidents survenus dans la centrale nucléaire n'étaient pas du fait de l'armée russe. Qui dit vrai ? Il y a forcément quelqu'un qui ne dit pas la vérité. Il ne s'agit que d'un exemple. Les points de discordance entre les versions livrées en Russie et en Occident sont nombreux. Ainsi, lorsque l'alliance occidentale affirme que les troupes russes œuvrant en Ukraine sont moralement atteintes par la résistance locale et que des mouvements de contestation de grande ampleur naissent en Russie, au contraire, du côté de Moscou, on estime que l'armée s'est engagée dans une opération militaire en laquelle elle croit tandis que le moral des troupes serait au beau fixe. Il est par conséquent difficile d'appréhender la qualité des informations qui circulent. Sont-elles fondées ? Sont-elles exagérées ? De notre point de vue, nous en revenons à une analyse qui ne repose pas uniquement sur l'appréhension des informations communiquées mais plutôt sur des tendances durables qui ont jalonné les difficiles relations diplomatiques entre la Russie et le monde occidental ces dernières années.

Lorsqu'on évoque une guerre hybride, il faut considérer que la crise ukrainienne actuelle n'est malheureusement pas surprenante. Elle survient dans un contexte sensible pour lequel les motifs de désaccord n'ont cessé de monter en intensité depuis lors. Il serait d'ailleurs faux de croire que l'élément déclencheur remonte à 2013. Les origines sont plus lointaines. Pour ne citer qu'elles, plusieurs crises du gaz survinrent entre 2005 et 2009. Elles portèrent sur le prix et sur la distribution du gaz naturel russe transitant par l'Ukraine. Il y eut bien une accalmie entre 2010 et 2014. Or cette période correspondit aux années de gouvernance de Viktor Ianoukovych, membre d'une formation politique pro-russe. C'est à la suite de sa décision de suspendre l'accord d'association entre l'Ukraine et l'UE qu'un vaste mouvement de contestation s'empara de Kiev et des principales villes du pays. De même, il convient de rappeler que sous la présidence Trump aux Etats-Unis, bien que la Russie ait toujours été dans le collimateur des forces occidentales, l'homme d'affaires new-yorkais avait calmé les tensions avec Moscou en désignant Pékin comme le principal ennemi de Washington. Est-il besoin de rappeler que le camp démocrate a toujours essayé de montrer des liens suspects entre Donald Trump et la Russie ? Les moments lors desquels la crise ukrainienne fut la plus forte survinrent sous gouvernance démocrate aux Etats-Unis.

La crise actuelle est sans doute plus complexe que la présentation qui en est faite dans les médias, bien qu'il soit expliqué que la Russie s'est lancée depuis plusieurs années dans des campagnes de cyberattaques et de désinformation. Le monde occidental est persuadé que la Russie a usé de nombreux stratagèmes pour influencer la campagne électorale de l'échéance présidentielle américaine de 2016. La Russie a toujours nié et réfuté ces accusations occidentales bien que ces dernières affirment s'appuyer sur des preuves. En revanche, dans l'espace aérien de l'OTAN, les avions appréhendés pour des irrégularités de vol sont en grande majorité russes. Rares sont en effet les cas d'avions non-russes s'étant perdus dans l'espace aérien de l'alliance atlantique et ne répondant pas aux appels des tours de contrôle requérantes.

En dehors de la crise ukrainienne, il est indéniable qu'il s'est passé des choses qui ont alimenté les difficiles relations diplomatiques entre la Russie et l'alliance occidentale, qu'il s'agisse de l'OTAN ou bien de l'UE. Dans chaque camp, dès lors qu'il faille évoquer l'adversaire, les compliments se font rares. C'est ainsi que les dirigeants politiques et les médias décrivent la Russie et le Président Poutine avec des mots peu chaleureux. Il va sans dire que la réciproque est vraie du côté russe. Cet état de fait ne facilite pas le dialogue. L'Occident se méfie de la Russie et inversement. L'escalade des tensions et la surenchère des menaces orchestrée par le Président Poutine ont fait frissonner le monde. Jusqu'où est-il prêt à aller ? Lorsqu'il évoque la possibilité de recourir à la force nucléaire, un vieux parfum de guerre froide remonte à la surface. Le monde n'avait plus été soumis à pareille menace depuis les années 1960. Aussitôt, les réactions fusèrent en Occident : le Président Poutine serait devenu incontrôlable et prêt à tout pour parvenir à ses fins, y compris de recourir à la puissance nucléaire ! Certes, il est difficile de décrypter ses véritables intentions. Il est déconcertant car il va loin dans la menace et montre surtout qu'il est prêt à intensifier leur mise à exécution s'il n'obtient pas les conditions de négociation qu'il exige.

L'intervention militaire en Ukraine est dramatique à plus d'un titre. Les victimes sont nombreuses, tant du côté ukrainien que russe. Il y a évidemment des victimes civiles. Les villes pilonnées ressemblent pour certaines à des champs de ruines. Il y a effectivement une opposition armée entre les forces ukrainiennes et russes. En Ukraine, de nombreux volontaires sont venus rejoindre les rangs de la résistance armée contre l'occupant russe. Une légion étrangère constituée de combattants non-ukrainiens est venue prêter main forte dans cette opposition contre la Russie. Aux yeux du monde occidental, Moscou a commis l'irréparable en déclenchant les hostilités. Au Kremlin, il se dit que l'agresseur est ukrainien. Le bras de fer est engagé. Tout en se battant en Ukraine, la Russie défie l'alliance atlantique. Cette dernière se contente dans un premier temps de répondre par des sanctions économiques dont elle accentue l'intensité au fur et à mesure des nouvelles menaces ou décisions russes. La bataille n'est pas qu'armée et jonchée d'intimidations belliqueuses. Elle est également livrée au niveau de l'information. Cette dernière occupe un rôle prépondérant, considérant de plus le poids des réseaux sociaux et d'internet pour la diffusion quasi-instantanée des informations. Cela contribue également à l'exacerbation des ressentis. Au sein de l'alliance atlantique, les décisions du Président Poutine sont sévèrement critiquées. A Moscou et à Kiev, pour différentes raisons, les nationalismes sont exacerbés. Une fois de plus, des citoyens russes manifestent bien leur désaccord ou désapprobation au regard du conflit armé se tenant en Ukraine. En revanche, il ne faut pas sous-estimer l'élan nationaliste qui approuve les opérations qui y sont menées. Cependant, nous y reviendrons plus tard, plus le conflit durera et plus le soutien actuellement affiché au Kremlin risquera de s'étioler. En Ukraine, la provocation militaire russe a généré un mouvement de résistance qui s'est agrégé aux forces armées nationales. De nombreux hommes ont ainsi manifesté leur volonté de rejoindre les rangs des volontaires prêts à défendre la patrie. Le Président Zelensky s'est mué en véritable chef de guerre et plusieurs personnalités politiques ou autres ont décidé de s'opposer aux forces russes sur le terrain. Nous pouvons citer l'ancien Président Petro Porochenko, l'ancien boxeur et maire de Kiev Vitali Klitschko ou encore l'ancien footballeur Oleg Luzhny. Au gré des vidéos qui circulent sur internet et autres informations, certaines étant authentiques et d'autres probablement plus contestables, nous sommes arrivés à un tournant de la crise puisque les Russes et les Ukrainiens qui s'affrontent sont chacun animés par un sentiment nationaliste. Du côté occidental, on évoque régulièrement les difficultés rencontrées par les troupes russes. En Russie, on assure au contraire que les opérations évoluent positivement. Il existe une vérité : l'information fait entièrement partie des grands enjeux de cette crise, à l'instar de toutes les autres par ailleurs, mais les moyens technologiques sont désormais tels qu'il est possible de diffuser d'importants flux informatifs, fondés ou infondés en un minimum de temps. Une campagne informative bien ciblée ne laisse généralement pas insensible le récipiendaire du message.

Craintes occidentales vs détermination russe

Depuis que le Président Poutine a brandi la menace nucléaire, le monde s'est rappelé les heures les plus sombres de la crise des missiles de Cuba lorsqu'il retint son souffle au regard de la détermination affichée alors par John Fitzgerald Kennedy et Nikita Khrouchtchev. Cette menace a été répétée à plusieurs reprises depuis le 27 février et on en oublierait presque que l'armée russe prit le contrôle de la centrale nucléaire de Tchernobyl deux jours plus tôt. La provocation nucléaire incarne la menace ultime. C'est celle qui intervient en dernier recours lorsque le dialogue semble devenu impossible. Pourtant, une menace nucléaire doit être analysée prudemment. Elle n'indique pas nécessairement un passage à l'acte, bien au contraire.

Mi-mars 2022, les médias occidentaux se penchent sur l'état de la santé mentale du Président Poutine. Ces derniers ne manquent pas de questionner des spécialistes des relations internationales ou encore des médecins et autres spécialistes de l'esprit. Certains estiment que le maître du Kremlin serait atteint du syndrome d'Hubris. Les psychanalystes évoquent ce syndrome pour une personne narcissique, arrogante, prétentieuse, menteuse, manipulatrice ou encore avide de gloire. Pour certains, la principale crainte pesant sur la personne de Vladimir Poutine porte sur une volonté farouche de montrer qu'il est le maître de jeu et que par conséquent, il en dicte les règles, quitte à brandir les éventualités les plus extrêmes. En laissant planer une menace nucléaire, il a réussi son opération de communication : il a exprimé ce que le monde entier redoute. Dès qu'il est question de l'emploi d'une arme nucléaire, c'est comme si tout le monde retenait son souffle. Il est certain que la Russie dispose d'armes nucléaires suffisamment puissantes pour causer des dommages irréversibles à l'échelle planétaire. Cela étant, serait-ce le but recherché par Vladimir Poutine ? Serait-il prêt à une telle extrémité ?

Il est difficile d'avoir un avis catégorique sur la question car le numéro un russe sait se montrer cinglant dans ses déclarations. Il est assurément intimidant. Aux dires de gens qui l'ont connu, il n'apprécie guère la contradiction. Tout le problème repose sur la crédibilité d'une telle menace. Il ne faut pas la sous-estimer. Pourtant, l'option bluff ne doit pas être écartée. La force de Vladimir

Poutine a été de communiquer avec suffisamment de gravité, solennité et détermination faisant que tout destinataire du message se doit de comprendre qu'il n'hésitera pas à employer la force nucléaire s'il estime nécessaire d'y recourir. Dès l'instant où il a invoqué cette possibilité, les critiques adverses sont montées d'un cran : le Président Poutine serait devenu fou, incontrôlable, ingérable et dangereux à plus d'un titre. Les spécialistes de l'armement et des conflits voient la menace nucléaire autrement. Pour ces derniers, lorsqu'elle est brandie dans de pareilles circonstances, il convient plutôt de comprendre qu'elle ne sera pas mise à exécution car l'auteur de la menace sait qu'une mise à exécution verrait aussitôt l'adversité répliquer de la sorte. Lorsqu'il menace avec l'arme nucléaire, il ne s'en prend pas à l'Ukraine mais à l'OTAN qui dispose également d'armes nucléaires. S'il est demeuré un homme d'Etat pragmatique, pourquoi mettrait-il à exécution une menace pour laquelle il subirait assurément des conséquences dommageables pour son pays ? Il est entendu que ce raisonnement ne tient plus s'il est résolument déterminé à employer l'arme nucléaire comme le craignent ceux qui le voient atteint du syndrome d'Hubris. En attendant, tout le monde se fait un avis sur la question sans disposer de certitude. Tout relève de la spéculation en matière d'interprétation.

En revanche, s'il est un fait avéré, c'est celui de la menace proférée par Vladimir Poutine. Il laisse le camp occidental cogiter sur le degré de crédibilité de la menace perpétrée. En somme, plus il est perçu comme imprévisible et plus cela le satisfait. A l'instar d'une partie d'échecs, il espère pouvoir dérouter ceux à qui il s'adresse. D'aucuns affirment qu'il ne fait qu'appliquer ce qui lui fut enseigné naguère au sein du KGB [24] ; au-delà de cette supposition, il

---

[24] Note de l'auteur: КГБ, Комитет государственной безопасности, littéralement le Comité pour la Sécurité de l'Etat, un service de

souffle le chaud et le froid en permanence. Il agit, exécute ce qu'il avait « promis » de faire mais se montre toujours enclin au dialogue. Le problème est que le lien de confiance est consumé avec ses interlocuteurs occidentaux qui voient en lui un menteur, un manipulateur et une personne aveuglée par des ambitions démesurées et dangereuses pour la sécurité mondiale. Certains lui prêtent désormais la volonté de ne pas se limiter à une invasion ukrainienne… Vladimir Poutine a réussi le tour de force de semer la confusion dans le camp occidental. Par confusion, il faut comprendre que personne n'est capable d'affirmer avec certitude ce qu'il a véritablement l'intention de faire ou de décider. Il montre toutefois le visage d'un homme résolument déterminé à obtenir ce qu'il souhaite coûte que coûte. L'alliance atlantique soutient l'Ukraine avec une aide logistique, au grand dam du Président Zelensky qui apprécierait davantage qu'une assistance uniquement matérielle. La guerre oppose la Russie à l'Ukraine mais l'OTAN n'interviendrait à son tour qu'en cas d'ultime recours.

En attendant, l'UE et les Etats-Unis ont continué d'accroître l'intensité des sanctions économiques visant la Russie ainsi que bon nombre de citoyens russes, qu'ils soient oligarques ou hommes politiques. L'exclusion des banques russes de la plateforme SWIFT a été préjudiciable dans le sens où le rouble a rapidement dévissé face au dollar tandis qu'elle isole le pays de nombreuses opérations financières. La Russie s'expose à un risque de forte inflation. Il se murmure qu'en peu de temps le pays pourrait se retrouver en défaut des paiements, c'est-à-dire qu'il ne pourrait plus honorer ses engagements financiers en temps et en heure auprès de ses créanciers.

---

renseignement créé à l'époque soviétique.

Le 8 mars 2022, les Etats-Unis prononcèrent un embargo sur le pétrole russe. [25] En clair, les Etats-Unis n'importeront plus d'or noir russe jusqu'à nouvel ordre. Cette sanction peut en amener d'autres. Le Royaume-Uni a rapidement exprimé sa volonté d'en faire de même. La part de pétrole russe dans la consommation américaine est très largement minoritaire mais les alliés européens pourraient s'orienter vers une décision similaire... bien qu'elle demande à être davantage mûrie avant d'être actée car au sein de l'UE, les besoins en hydrocarbures sont en partie assouvis par la Russie. [26] A défaut d'interdire des importations d'hydrocarbures russes, la Commission européenne préconise dans un premier temps aux Etats membres de diversifier leurs sources d'approvisionnement. Quelques heures plus tard, la voix officielle du Kremlin avertit que toutes les sanctions prononcées contre la Russie auraient des effets néfastes pour les punisseurs puisqu'il faudrait s'attendre à une forte hausse des prix des denrées alimentaires.

En Europe, on ne perçoit pas la crise ukrainienne de la même manière qu'aux Etats-Unis. La raison en est simple : elle survient aux portes de l'UE. D'ailleurs, la personnalité politique qui tente de maintenir le dialogue avec Moscou n'est autre que le Président Macron. Ce dernier fait montre d'une attitude courageuse car bien qu'ébranlé par la détermination de son alter ego russe à vouloir être en position de force à une table des négociations, il incarne à ce jour l'autorité politique occidentale qui ne compte pas relâcher ses efforts en œuvrant pour la diplomatie tandis qu'il se veut intransigeant pour parlementer avec Moscou. Le camp occidental a

---

[25] Véronique Le Billon, « *Ukraine : les Etats-Unis lancent un embargo sur le pétrole russe* », www.lesechos.fr, 8 mars 2022
[26] « *Gaz russe : faute d'embargo, l'UE veut réduire de deux tiers ses importations* », www.lefigaro.fr, 8 mars 2022

besoin d'un représentant qui garde le contact avec le Président Poutine. Sa grande difficulté consiste précisément à ne pas tomber dans le piège de la provocation russe. Par la guerre on répond autrement. Il est certain que le monde atlantiste ne peut pas rester sans réaction face à l'opération militaire menée par le Kremlin en Ukraine mais deux semaines après le début des hostilités, bien que l'OTAN se tienne désormais prête à intervenir le cas échéant, un affrontement opposant la Russie à l'alliance atlantique n'est pas d'actualité. Au regard du nombre des pays qui seraient concernés par des affrontements armés, nous pourrions alors évoquer une guerre mondiale. Il n'est d'ailleurs pas certain que ce soit la volonté de la Russie. Le monde occidental accentue sa pression économique sur Moscou mais n'entend pas s'engager dans un conflit armé. En l'occurrence, plus la guerre durera en Ukraine et plus elle affaiblira la Russie.

La guerre longue, le principal ennemi de la Russie

Une nouvelle fois, tout dépend de l'annonciateur du message : lorsqu'il est occidental, il défend l'idée qu'une guerre longue en Ukraine sera préjudiciable pour l'économie et la stabilité politique du régime russe. En Russie, on exclut le scénario d'une intervention militaire à rallonge chez le voisin ukrainien : le dénouement sera rapide et victorieux. La Russie en ressortira grandie. Depuis plusieurs semaines, l'ensemble du continent européen est secoué par cette crise qui ne cesse de monter en intensité dans sa partie orientale. Dans les médias occidentaux, il est souvent dit que Vladimir Poutine a commis plusieurs erreurs d'appréciation en intervenant en Ukraine. Premièrement, en agissant de la sorte, il a renforcé la cohésion au sein de l'UE mais également de l'OTAN. Deuxièmement, il a dynamisé le nationalisme qui anime de nombreux volontaires ukrainiens prêts à prendre les armes pour défendre la patrie contre l'envahisseur russe.

Troisièmement, des images ont circulé montrant une interminable colonne de véhicules militaires russes à l'arrêt en se rendant en direction de Kiev. Cette colonne s'étirerait sur soixante kilomètres. Aux dires des médias, l'armée russe ferait face à des pénuries de carburant mais également de vivres.

De même, le pouvoir de l'image peut avoir une incidence en Russie qui s'est d'ailleurs prémunie contre certains risques en coupant l'accès à des sites internet et aux réseaux sociaux. L'armée ukrainienne a diffusé des images de soldats russes faits prisonniers. Cette pratique a été dénoncée comme étant une violation de droit international, notamment par la Croix Rouge. L'armée ukrainienne comptait exercer une pression psychologique sur la Russie en diffusant des images de jeunes hommes capturés au combat et qui témoignent contre la décision du Kremlin d'avoir investi le territoire ukrainien. Certains évoquent des mensonges de Moscou. On ne leur aurait pas dit la vérité. On leur aurait caché le véritable but de la manœuvre lorsque les troupes furent déployées à la frontière ukrainienne quelques semaines plus tôt. Il en aurait été de même lorsque l'ordre fut donné d'entrer en Ukraine, d'abord dans les territoires reconnus par la Russie comme étant désormais indépendants et souverains. Cette stratégie de communication n'est pas anodine car les mères de militaires représentent un « lobby » puissant en Russie. [27] D'ailleurs, les Ukrainiens sont allés jusqu'à créer un site internet pour

---

[27] Note de l'auteur : l'Union des comités des mères de soldats de Russie (en russe : Союз комитетов солдатских матерей России). Il s'agit d'une organisation non-gouvernementale créée en 1989, année qui marqua la fin de l'intervention militaire soviétique en Afghanistan. Son influence n'a cessé de croître dans la vie civile russe depuis lors. Elle cherche à aider les jeunes devant effectuer leur service militaire, faire connaître et respecter leurs droits. Depuis sa création, la Russie a été impliquée dans plusieurs guerres meurtrières, notamment dans le Caucase.

que toute mère de soldat russe envoyé en Ukraine puisse savoir si son fils est toujours vivant ou pas puisque les noms des combattants tués et abattus y sont annoncés. C'est le type d'outil qui peut jouer contre le Kremlin en cas de conflit prolongé. Dans pareil cas, il serait reproché à ce dernier d'avoir ramené beaucoup de morts en Russie. Fin février 2022, Kiev déclara que les pertes russes s'élevaient à quatre mille trois cents hommes tandis que le politicien Lev Shlossberg avança l'idée que l'armée russe se déplaçait avec des crématoriums mobiles pour pouvoir brûler rapidement les corps de ses soldats tués afin de ne pas laisser de traces. [28]

Le 10 mars 2022, les médias occidentaux relayent une nouvelle information qui choque en Occident : l'armée russe aurait opéré des frappes sur une maternité de Marioupol. La Russie confirme les faits mais les justifie en affirmant que cet établissement était une base de repli de nationalistes ukrainiens. Le lendemain matin, le Président Zelensky annonce qu'un couloir humanitaire qui avait été aménagé pour l'évacuation des populations civiles avait été à son tour attaqué par l'armée russe. Ce corridor humanitaire devait permettre aux habitants des villes de Marioupol et de Volnovakha de quitter les lieux.

Chaque jour, de nouveaux faits sont publiés et choquent l'opinion publique, qu'elle soit occidentale ou russe car il certain, comme déjà évoqué, que la présentation des informations n'est pas la même selon qu'on se trouve en Russie ou en Occident. Dans les deux camps, des informations « positives » sont véhiculées. Du côté russe, on fait état des avancées sur le territoire ukrainien et de la destruction de bon nombre d'infrastructures stratégiques. En face, on communique autrement en affirmant que les troupes russes rencontrent des difficultés auxquelles elles

---

[28] « *Guerre en Ukraine : un site internet pour retrouver les soldats russes tués* », www.cnews.fr, 27 février 2022

n'étaient pas préparées et que le moral des troupes s'en retrouve affecté. Des deux côtés, de vraies informations circulent. De nombreuses destructions infrastructurelles sont à recenser. Quant aux combats, la résistance locale est sans doute plus consistante que ce qui avait pu être appréhendé par Moscou. En l'occurrence, c'est sur ce point que l'alliance atlantique mise désormais : faire en sorte que l'armée russe se retrouve engagée dans un conflit de longue durée en Ukraine pour que la déstabilisation en Russie vienne de l'intérieur. En d'autres termes, à l'instar des conflits qui caractérisèrent naguère la guerre froide, les grandes puissances militaires ne s'affrontent pas directement. Lorsque l'une d'elle s'engage sur le terrain, l'autre donne la réplique par un soutien économique et logistique. C'est ce qui est en train de se produire avec l'Ukraine qui bénéficie d'aides économiques et matérielles pour organiser la lutte armée contre la Russie mais à l'exception de volontaires étrangers décidés à venir prêter main forte aux combattants ukrainiens, aucun pays de l'alliance atlantique n'a envoyé de troupes pour se battre contre la Russie.

Le monde occidental tient un discours cohérent dès lors qu'il veut montrer sa fermeté à l'égard de la Russie tout en annonçant vouloir privilégier la diplomatie à la guerre. C'est précisément ce qui est mis en place. On ne ferme pas la porte à un dialogue avec Vladimir Poutine, bien que ce dernier ait sans doute réduit son capital bonne foi aux yeux de l'Occident. En revanche, les sanctions économiques qui visent à atteindre au plus vite le système économique russe sont en réalité des armes complémentaires de la lutte armée proposée par les troupes ukrainiennes et leurs soutiens volontaires. A Kiev, la perception de la situation est différente. Le Président Zelensky regrette que l'engagement allié ne soit pas plus « poussé ». En d'autres termes, il demande à ses soutiens d'envoyer des troupes prêtes à combattre. Cette demande n'est actuellement pas à l'ordre du jour de l'agenda de l'OTAN. La stratégie est claire. Il n'y aura pas d'intervention occidentale armée contre la Russie si cette dernière ne commet pas l'irréparable en s'attaquant à une juridiction membre de l'UE ou de l'OTAN… ou bien en mettant à exécution sa menace nucléaire. Si la résistance ukrainienne se montre vaillante, considérant l'arsenal des sanctions économiques frappant la Russie, les chances sont effectivement élevées d'assister à un conflit armé prolongé qui constituerait un risque de déstabilisation politique et sociale pour le Kremlin. D'une part, nous avons fait référence à ce comité des mères de soldats russes. Il ne faut pas sous-estimer son pouvoir d'influence en Russie. Un mouvement amorcé par des mères en colère peut rapidement se propager à l'échelle nationale. Plus la guerre durera et plus grandes seront les pertes. C'est la raison pour laquelle les autorités ont évoqué une opération militaire à des fins sécuritaires qui devait être rapide plutôt que de parler de guerre. D'autre part, de nombreuses personnalités russes, notamment les fameux oligarques, se retrouvent personnellement sanctionnées par le monde occidental. Le cas de Roman Abramovitch a été médiatisé. L'homme d'affaires est le propriétaire du club de football londonien de Chelsea. Avec le déclenchement des hostilités, il est rentré en Russie et a rapidement fait savoir son intention de vouloir vendre le club. Plusieurs acheteurs ont manifesté leur intérêt. En revanche, le processus de vente a été purement et simplement suspendu. Roman Abramovitch fait partie des personnes faisant l'objet de sanctions occidentales. Son cas n'est d'ailleurs pas isolé. C'est la raison pour laquelle le monde occidental mise également sur la stratégie de geler les avoirs bancaires et autres de ces hommes d'affaires pour que ces derniers finissent finalement par s'agacer et militer pour des intérêts divergents de ceux du Kremlin.

En somme, avant et après le déclenchement des hostilités, le Président Poutine a mené une guerre des nerfs avec l'Ukraine et l'alliance atlantique. Depuis lors, si l'Ukraine a répondu à ses provocations par les armes en raison de la présence de l'armée russe sur son territoire, le Kremlin aurait sans doute souhaité une autre réaction de la part des alliés occidentaux de Kiev. Face au *hard power* militaire russe, l'Occident répond par le *soft power* économique. Ce dernier ne répond pas aux provocations de Moscou comme la capitale russe l'aurait souhaité. L'Occident contrarie les plans de la Russie. Pour que la stratégie de l'alliance atlantique ait des chances d'aboutir aux objectifs escomptés, il y a une condition insurpassable : il faut que le conflit en Ukraine s'étire dans la durée. A défaut de mettre l'armée russe en échec, le cœur de l'engagement occidental repose sur une volonté d'atteindre l'économie russe mais également l'opinion publique nationale et les cercles d'affaires qui pourraient manifester leur désaccord avec les positions officielles du Kremlin. Lorsque la Russie annonça le lancement de son intervention militaire dans la nuit du 23 au 24 février 2022, nous avions été surpris par la réaction occidentale qui paraissait trahir une impréparation à ce scénario. Pourtant, beaucoup d'analystes s'attendaient à une incursion russe en Ukraine. Le 24 février, en Europe, la tendance consistait plutôt à convoquer en urgence des réunions au sein de l'UE et de l'OTAN. Deux semaines après l'ordre donné par Vladimir Poutine de mener une mission militaire de grande envergure, la réplique occidentale ne fait pas l'ombre d'un doute : si le maître du Kremlin recherche la capitulation ukrainienne, ses adversaire occidentaux visent le même objectif à Moscou mais avec une stratégie bien différente.

L' « étonnante » mise en retrait des Etats-Unis et de la Chine

Le 10 mars 2022, tandis que des discussions diplomatiques se tiennent à Antalya, en Turquie, le ministre des Affaires étrangères d'Ukraine déclare ne pas avoir trouvé de terrain d'entente pour un cessez-le-feu avec son homologue russe. Le lendemain, le Secrétaire général de l'OTAN Jens Stoltenberg annonce que l'alliance atlantique ne veut pas s'engager dans une guerre ouverte avec la Russie. Le même jour, un conseil de l'UE se tient à Versailles pour débattre notamment de la question d'une adhésion ukrainienne à l'organisation qui comprend vingt-sept Etats membres. Dans les médias, avant même la tenue de l'événement, une idée ressort : l'Ukraine n'adhèrera pas à court terme à l'UE. Un des arguments porte sur le fait que cette organisation collégiale ne fait pas adhérer en son sein des pays en guerre. Tout cela ne fait que confirmer que la guerre oppose l'Ukraine à la Russie, que l'Ukraine bénéficie d'un soutien affirmé du monde occidental mais qu'une entrée en guerre de ce dernier n'est pas d'actualité. Pour l'Ukraine, tout cela signifie qu'il lui faut soit poursuivre seule l'effort de guerre sur le terrain contre l'armée russe soit capituler. Pendant ce temps, la Russie semble plus que jamais déterminée à ne faire aucune concession à la diplomatie de Kiev. Tandis que la crise s'intensifie en Europe, les Etats-Unis et la Chine communiquent peu sur le sujet.

Il serait mensonger d'affirmer que Washington ne se préoccupe pas de la situation. Premièrement, les Etats-Unis font partie de l'OTAN. En d'autres termes, si la guerre devait in fine opposer l'organisation atlantique à la Russie, la patrie de l'Oncle Sam serait par conséquent directement impliquée dans le conflit. L'appréhension de cette crise par la Maison Blanche confirme le positionnement de ses partenaires européens : des sanctions économiques sont validées et un soutien logistique a été mis en place pour aider les forces armées ukrainiennes. La position du

Président Biden a rapidement été claire dès lors qu'il affirma être prêt à intervenir militairement si un territoire de l'OTAN faisait l'objet d'attaques armées russes ; en revanche, il avait exclu une opération militaire menée en Ukraine. Aux Etats-Unis et en Europe, tout le monde est sur la même longueur d'onde quant à la stratégie à adopter pour contrarier les intérêts russes. Les convergences portent sur le fond. C'est sur la forme qu'il existe des divergences. Nous avons déjà évoqué l'embargo décidé par Washington portant sur les importations d'hydrocarbures russes. A ce niveau, les Etats-Unis affichent davantage de fermeté que l'UE mais cela s'explique par le fait que le poids du pétrole russe dans la consommation américaine est très largement minoritaire. En clair, les Etats-Unis peuvent facilement se passer de pétrole russe pour leurs besoins domestiques. Ce n'est pas le cas pour l'UE. Bien que cette dernière soit désormais résolument tournée vers une stratégie de la diversification des fournisseurs afin de moins dépendre des importations d'hydrocarbures russes, il n'est pas possible de prononcer soudainement un embargo sans avoir assuré d'autres sources d'approvisionnement.

Joe Biden doit prendre en considération plusieurs problématiques pour lesquelles il se sait attendu tant sur la scène nationale qu'internationale. Il garde à l'esprit qu'une mauvaise décision lui sera préjudiciable à quelques mois de l'élection de mi-mandat qui pourrait alors voir les Américains voter favorablement pour des candidats Républicains à la Chambre des Représentants et au Sénat. C'est sans doute ce qui explique qu'il se montre prudent à l'égard des provocations russes. Il doit se montrer ferme aux yeux de ses électeurs. Il ne peut pas montrer un quelconque signe de faiblesse face à un dirigeant qui martèle une communication virile auprès de ses adversaires. D'autre part, s'il se refuse à concéder quoi que ce soit à Vladimir Poutine, il ne néglige pas la Chine. En effet, pendant que la crise ukrainienne accapare l'essentiel de l'attention des médias, il n'est pas à exclure que la détermination de Vladimir Poutine n'ait pas donné quelques idées à Pékin.

On y revient : la crise ukrainienne est très révélatrice de cette réalité des relations internationales au sein de laquelle la domination occidentale est désormais plus que jamais contestée. La Russie a franchi le pas en osant aller provoquer l'alliance atlantique avec ce qu'elle qualifie d'opération de « démilitarisation » et de « dénazification » de l'Ukraine. De telles justifications russes étaient inacceptables aux yeux de l'Occident. Depuis lors, le Kremlin poursuit une communication de légitimation de toutes les décisions actées pour l'intervention militaire en Ukraine. Au sein de l'alliance atlantique, les arguments russes sont perçus comme une escalade de la provocation ayant pour but de tester le « seuil de tolérance » de cette dernière, jusqu'à inclure une menace nucléaire. Il est toutefois certain que la Russie a troublé l'ordre international. Depuis que Vladimir Poutine la préside, elle a été engagée dans plusieurs guerres. Cette fois-ci, en s'attaquant à l'Ukraine, il vise également tous les pays qui soutiennent Kiev. De ce point de vue, il trouble plus que jamais les relations internationales tandis que le grand duel contemporain oppose les Etats-Unis à la Chine.

La position de Pékin est intéressante car elle se veut plutôt discrète. La parole officielle sur la crise ukrainienne est rare. Elle n'est pas inexistante pour autant. Elle se veut prudente. Officiellement, la Chine n'a pas soutenu l'offensive russe en Ukraine, de même qu'elle ne l'a pas condamnée. On prête à Xi Jinping et Vladimir Poutine de partager d'excellentes relations amicales. Au regard des relations passées entre les deux pays, plutôt compliquées et tumultueuses, les deux hommes d'Etat s'apprécient certainement mais avancent prudemment. Il font tous les deux montre de pragmatisme. Lorsque les intérêts des deux pays convergent, ils savent s'entendre. C'est ainsi que trois semaines avant le lancement des opérations militaires russes en Ukraine, ils avaient conjointement communiqué sur leurs réticences quant aux ambitions expansionnistes de l'OTAN en Europe et de l'Aukus dans la région indo-pacifique. En Occident, cette annonce résonna comme un sérieux avertissement. Cela fut perçu comme une dangereuse alliance tandis que les troupes russes étaient massées depuis plusieurs semaines à proximité de l'Ukraine. Le fait que la Chine s'associe à cette déclaration était d'autant plus inquiétant que l'Occident lui prête de possibles ambitions belliqueuses vis-à-vis de Taïwan. De plus, les mois précédents, les deux pays avaient également communiqué au sujet d'armes de haute technologie que l'un et l'autre étaient parvenus à mettre au point. En clair, lorsque le Kremlin décida d'intervenir en Ukraine, un frisson parcourut l'Europe et l'Amérique du Nord : est-ce que Moscou n'aurait pas donné des idées à Pékin en mer de Chine ? C'est une menace qui est prise en considération par les Etats-Unis. Cependant, le Président Xi Jinping n'est pas réputé pour engager son pays dans des guerres comme peut l'être son homologue russe. Au regard de l'évolution des relations internationales, nous ne pourrons pas reprocher au monde occidental de se montrer méfiant à l'égard de la Chine.

Partition possible, maux nationaux insolubles

Des discussions surviennent régulièrement entre l'Ukraine et la Russie. C'est le signe manifeste que le dialogue n'est pas rompu. Pour autant, les souhaits exprimés par les deux pays sont très éloignés. Cela laisse augurer une crise ukrainienne durable… à moins qu'un des belligérants capitule et exprime la volonté de cesser cette guerre. La résistance ukrainienne s'est organisée et bénéficie d'aides occidentales. Mi-mars 2022, les Etats-Unis puis plusieurs Etats européens débloquèrent des fonds destinés à Kiev. Jusqu'à présent, il n'était nullement question pour les pays membres de l'OTAN de s'engager autrement. Le soutien ne comprend pas d'intervention de soldats contre les forces armées russes. Cette position irrite le Président Zelensky qui ne se prive pas de l'exprimer ouvertement. Après tout, le monde occidental l'assure de son soutien indéfectible… mais dans une certaine mesure. En Russie, on compte toujours sur une victoire rapide qui tarde cependant à se dessiner. En Occident, on indique que la tactique russe rencontre de nombreuses difficultés et que la résistance ukrainienne contrarie fortement les plans du Kremlin. Entre temps, les sanctions continuent de s'accumuler contre la Russie.

Le 15 mars, le Sénat américain adopta une résolution désignant Vladimir Poutine comme « criminel de guerre ». Le lendemain, le Président Biden, à son tour, affubla son alter ego russe de la même appellation. Cette désignation fut reprise dans la foulée par plusieurs chefs d'Etat et de gouvernement européens. Cette accusation n'est pas anodine. Le Président Poutine voit ainsi la pression s'accroître sur lui. On n'accuse pas quelqu'un de crimes de guerre sans raison. En clair, une nouvelle menace pèse sur lui : il s'expose désormais à des poursuites judiciaires. En d'autres termes, il n'aura pas d'autre choix que de remporter la guerre et de s'isoler sur la scène internationale pour pouvoir échapper à des poursuites pénales. Cela signifie que tous les moyens seront employés pour l'affaiblir toujours plus. Cela renforce notre idée que plus la guerre durera et plus Vladimir Poutine s'exposera à des risques de déstabilisation interne en Russie. En résumé, l'étau se resserre pour la Russie et l'homme qui la préside : si ce dernier escompte en demeurer l'inamovible numéro un, la conséquence en sera un isolement du pays d'autant plus long sur la scène internationale.

L'engagement de nombreuses personnalités ukrainiennes dans le conflit confirme l'élan nationaliste qui s'est emparé du pays pour combattre l'envahisseur. La détermination de la résistance ukrainienne est telle qu'il semble impensable que les dirigeants de Kiev puissent accepter un scénario de capitulation et ainsi permettre à la Russie d'installer un leader pro-russe à la tête du pays. Plusieurs hypothèses sont envisageables mais toutes se heurteront à la farouche volonté de la nation ukrainienne de défendre son territoire.

Le 20 mars, un message en provenance de Turquie, le pays où se rencontrent officiels Russes et Ukrainiens, laissa entendre qu'un accord pourrait rapidement survenir entre les frères ennemis. Une telle communication est porteuse d'espoirs. Pourtant, les combats continuent dans plusieurs régions d'Ukraine tandis que l'armée russe peine à avancer comme elle le souhaiterait. Comme déjà indiqué, il est improbable que le Président Poutine fasse marche arrière. Il est engagé dans une guerre et ne compte pas en sortir perdant. En somme, cela revient à affirmer que si un accord devait être négocié, il serait désavantageux pour Kiev… or la capitale ukrainienne ne cesse de rappeler qu'elle ne compte pas rendre les armes.

N'occultons pas l'hypothèse portant sur un accord débouchant sur la partition de l'Ukraine. Nous ne croyons pas en ce scénario car le Président Zelensky n'a assurément pas l'intention d'accorder une quelconque faveur à la Russie. Cependant, si cette hypothèse devait être considérée, la partition du pays ne résoudrait pas les problèmes nationaux car si des régions sont effectivement habitées par une grande majorité pro-ukrainienne ou pro-russe, d'autres sont beaucoup plus mixtes. Il va de soi que de nombreuses personnes, qu'elles se sentent ukrainiennes ou russes, condamnent les combats. Beaucoup considèrent l'incongruité d'une telle guerre qui oppose des peuples qui ont cohabité pendant plusieurs siècles. Cette guerre ne résulte pas d'une animosité vénéneuse entre ces peuples mais bel et bien de la décision d'un homme déterminé à imposer sa volonté à d'autres. Le problème est que du côté ukrainien, l'incompréhension a rapidement fait place à une volonté farouche de combattre l'ennemi. Cette opposition armée laissera pendant longtemps une cicatrice visible qui peinera à s'effacer. Dès lors, il sera difficile d'envisager une cohabitation entre militants pro-Kiev et pro-Moscou en Ukraine. La guerre sera passée par là et aura exacerbé les ressentis. En d'autres termes, si une partition du pays est techniquement possible, elle ne ferait jamais oublier les raisons qui ont poussé ses habitants à prendre les armes pour combattre l'armée russe. L'Ukraine demeurera un pays où coexistent deux nations mais cette cohabitation est rendue d'autant plus difficile par des positions et choix politiques qui ont mené à cette guerre fratricide.

Conclusion

A l'instar de tous les conflits armés, la guerre d'Ukraine n'échappe pas à cette sempiternelle vérité qu'elle est jonchée d'horreurs. Les victimes civiles sont nombreuses. Des familles sont séparées. Beaucoup sont déchirées car possédant des membres résidant en Russie et d'autres en Ukraine. En Occident, le Kremlin est fustigé pour avoir intentionnellement déclenché des opérations militaires qu'il souhaite brèves et efficaces. Le scénario ne se déroule pas comme prévu. L'intrusion russe et les premiers combats ont alimenté un sentiment nationaliste à Kiev. Les hommes prennent les armes pour défendre la patrie. Le Président Zelensky s'est érigé en symbole de la résistance. Il est resté au pays et a troqué le costume contre le treillis militaire. Il s'est juré de combattre vaillamment et de vaincre l'ennemi.

Du côté russe, on ne s'attendait sans doute pas à une lutte armée aussi difficile. Les troupes avancent difficilement et après un mois de conflit, la présence russe en Ukraine ne couvre qu'une faible partie du territoire national. La Russie pilonne de nombreuses villes avec l'artillerie lourde. Certaines sont entièrement détruites. Des événements font la une de l'actualité, notamment lorsque des frappes atteignent des hôpitaux, des écoles ou des maternités. Le monde occidental accuse désormais Vladimir Poutine de crimes de guerre. Quant à l'armée russe, le Kremlin communique dans la sens d'une mobilisation de tous les instants et d'une intervention justifiée en Ukraine. Du côté occidental, on évoque plutôt les difficultés rencontrées sur le terrain, les nombreuses victimes, les désertions et le moral des troupes qui ne semble pas au beau fixe. En somme, la guerre se déroule dans des conditions qui n'auraient pas été prévues par Moscou. Des mouvements de protestation s'organisent dans le pays. Des voix russes dénoncent l'absurdité de s'attaquer à un peuple frère. Le Président Poutine se voit dans l'obligation de communiquer pour légitimer cette présence militaire en Ukraine… et rappeler à l'ordre les oligarques de soutenir l'effort de guerre. Ces derniers ont été lourdement sanctionnés par le monde occidental. Des biens mobiliers et immobiliers ont été saisis, des comptes bancaires ont été gelés et certains commencent à douter des assurances de victoire militaire promises par le Kremlin. Si certains demeurent silencieux, tous partagent une même crainte : tout perdre.

Tout perdre, c'est ce à quoi s'expose également l'équipe dirigeante du Kremlin. Malgré les campagnes de communication de désinformation, il faut observer la situation avec lucidité : on n'attaque pas un territoire d'une superficie de six cent mille kilomètres carrés avec deux cent mille hommes. Lorsque la Russie fait appel à la Chine pour un soutien logistique et financier, cette requête interpelle. La déduction qui s'impose porte sur une sous-estimation de la situation. Le Président Poutine avait sans doute la conviction que la guerre serait fulgurante et que le renversement du Président Zelensky s'effectuerait rapidement. Au-delà de faire face à une farouche résistance, la guerre coûte cher. C'est sans doute la raison pour laquelle il est allé jusqu'à menacer d'une guerre nucléaire. Pourtant, jusqu'à preuve du contraire, la Russie n'est pas en guerre contre l'OTAN mais contre un pays certes soutenu financièrement et en termes de logistique par les Etats membres de l'alliance atlantique et par l'UE. L'escalade de la nature des menaces laisse penser que la Russie s'agace au regard du déroulement d'opérations aux résultats imprévus. Après un mois de combats, la Russie n'a pas gagné. Au contraire, elle est fragilisée.

Le monde occidental a pris le temps de la réflexion pour sanctionner Moscou. Ces sanctions ne sont pas uniquement destinées à asphyxier l'économie russe mais elles ont également pour intention de déstabiliser le pays de l'intérieur. Plus la guerre d'Ukraine durera et plus grandes seront les chances de voir des mouvements de protestation venir agiter la quiétude du pays. Les difficultés économiques et la grogne populaire peuvent rapidement devenir de nouveaux ennemis pour le Kremlin. Considérant tout ce qui s'est passé depuis le déclenchement des hostilités, la marge de manœuvre du Président Poutine s'en retrouve ténue : il sait désormais que s'il ne parvient pas à s'imposer en Ukraine, il sera contesté en Russie et le monde occidental fera son possible pour le faire écarter du pouvoir. En d'autres termes, pour s'assurer l'assise du pouvoir, il n'a pas d'autre choix que de gagner la guerre qu'il a déclenchée et de parvenir à renverser le pouvoir ukrainien afin de placer un nouveau dirigeant pro-russe à Kiev… qui serait naturellement désavoué par le monde occidental.

Tandis qu'Ukrainiens et Russes tentent de s'accorder par voie diplomatique en Turquie, les conditions des uns et des autres paraissent trop opposées pour que le conflit s'achève. Le mal est trop profond pour qu'on puisse imaginer un arrêt des hostilités au regard de ce qui se passe. Les Ukrainiens sont animés par une envie dévorante de « taper du Russe ». Quant aux Russes, il serait difficile de comprendre un arrêt des combats s'il ne parviennent pas à imposer leurs conditions lors des négociations avec l'Ukraine. Le Président Poutine joue gros. Il n'a pas d'autre option que de gagner la guerre et d'imposer ses conditions… qui ne seront sans doute pas acceptées par l'OTAN car nous nous doutons bien qu'en pareil cas, ces dernières seraient défavorables à l'alliance atlantique. D'ailleurs, ne tirons pas de plan sur la comète ; d'autres aspects de la crise interpellent. Nous assistons à un évident problème de communication entre les principales puissances politiques de la planète.

Le 19 mars, un entretien long de deux heures permit à Joe Biden et à Xi Jinping d'échanger sur la crise ukrainienne. Le numéro un américain mit en garde son alter ego chinois au sujet de « conséquences » qui frapperaient la Chine en cas d'aide à la Russie… Pékin continue de jouer avec l'Occident, de souffler le chaud et le froid. La Chine a proposé une aide humanitaire à l'Ukraine mais n'a jamais condamné l'intervention militaire de la Russie. Lors de l'entretien avec Joe Biden, Xi Jinping n'a jamais caractérisé la situation par le mot « guerre ». La Chine se montre donc évasive mais n'entend pas céder à des menaces américaines. Les relations internationales sont en train d'évoluer à grande vitesse. La rivalité sino-américaine est perceptible dans la manière dont les deux géants économiques communiquent et observent les hostilités en Ukraine. A ce jeu, le Président Biden fait montre d'une communication qui n'est pas des plus opportunes. Cette manière de signifier des conséquences en cas d'aide apportée à la Russie est inappropriée. Il ne fallait pas communiquer de la sorte avec la Chine. Cette dernière ne manquera pas de signifier qu'elle n'a d'ordre à recevoir de personne. Elle laisse donc planer le suspense. Aidera-t-elle la Russie ? Elle va s'accorder le temps de la réflexion et faire cogiter le monde occidental quant à ses hypothétiques intentions. A ce jeu, Xi Jinping ne se privera pas de montrer qu'il est un remarquable stratège en matière de guerre des nerfs.

En Occident, la guerre déclenchée par Vladimir Poutine est perçue comme une erreur stratégique dans le sens où ce dernier aurait agi de la sorte afin de profiter des dissensions au sein de l'UE et de l'OTAN ainsi que des maux internes qui ébranlent les Etats-Unis. Depuis lors, il se murmure que le Président russe a favorisé l'existence d'une nouvelle cohésion en Europe ainsi qu'au sein de l'alliance atlantique. Pourquoi pas. Des analyses vont dans ce sens mais ce n'est pas l'objet de notre réflexion. Ce qui nous intéresse davantage, c'est la communication déployée par les autorités américaines. Pour le coup, elle nous interpelle.

Dans les arcanes de la politique internationale, il est parfois malaisé de prôner un discours résolument orienté vers la fermeté sans empiéter sur le terrain de la menace. L'exercice est difficile. Le Président Biden n'a cessé de rappeler son intention de demeurer ferme à l'égard de la Russie et de la Chine. Est-il nécessaire de rappeler que le leadership américain n'est plus aussi dominant que par le passé ? Moscou et Pékin n'entendent plus se laisser intimider par les discours de Washington. En d'autres termes, lorsque les Etats-Unis s'aventurent sur le terrain à peine voilé de la menace, les dirigeants chinois et russes ne comptent pas se laisser impressionner. Au contraire, ils montrent avec autorité que les injonctions occidentales ne les empêcheront pas de mener à bien ce qu'ils comptent entreprendre. L'opération militaire décidée par Vladimir Poutine est intervenue quelques jours après une énième tentative de dialogue opérée par Emmanuel Macron qui avait sondé son homologue russe pour la tenue d'un sommet extraordinaire relatif à la crise ukrainienne. L'idée était de faire asseoir à une même table Vladimir Poutine et Joe Biden. Le chef de l'Etat russe avait accepté la proposition sur le principe. Dans la foulée, le Président Macron contacta son alter ego américain. Ce dernier répondit favorablement mais posa une condition : pas de sommet en cas d'invasion de l'Ukraine par les troupes russes. Nul ne sait comment cette condition fut appréhendée par Vladimir Poutine mais elle a certainement influencé sa décision d'intervenir en Ukraine. Le fait d'avoir imposé une condition a sans doute déplu à Moscou. Cela ne légitime pas l'intervention militaire. D'ailleurs, elle était sans doute programmée, que Joe Biden imposât une condition ou non. En revanche, nous sommes convaincus que la réponse de ce dernier à la proposition d'Emmanuel Macron n'était pas la bonne.

Notre réflexion est la même pour l'entretien du 19 mars entre Joe Biden et Xi Jinping. Il est certain que les Etats-Unis ne doivent pas manifester une quelconque forme de faiblesse face à l'adversité. Cependant, ils doivent composer avec une réalité internationale au sein de laquelle il existe des acteurs qui entendent désormais faire valoir leur puissance militaire et / ou économique comme pour rappeler à la Maison Blanche qu'elle n'est plus le leader ultradominant d'antan. Pour l'exprimer autrement, le discours que les Etats-Unis pouvaient véhiculer dans le monde lorsqu'ils régnaient sans partage dans le monde n'est plus d'actualité. La Russie et la Chine communiquent en ce sens. Il est impératif que les Etats-Unis adaptent leur communication à la réalité internationale. Or Joe Biden a commis des erreurs avec Vladimir Poutine et Xi Jinping. Il n'obtiendra rien en se montrant menaçant. Pour ce qui est de la guerre en Ukraine, il peut affaiblir la Russie en soutenant une pression économique intensive. En revanche, concernant les « conséquences » évoquées lors de son entretien avec Xi Jinping, il n'est pas certain qu'il soit parvenu à dissuader son homologue chinois de quoi que ce soit. La Chine se veut discrète par choix. Rien ni personne ne prendra une menace au sérieux s'il se sent de taille à riposter comme il l'entend le cas échéant.

Notre opinion ne fera sans doute pas l'unanimité. Nous l'assumons. Nos expériences professionnelles respectives nous indiquent que le discours occidental n'est plus perçu de la même manière dans le monde que par le passé, notamment lors de la période d'ultra-domination post guerre froide jusqu'aux événements tragiques du 11 septembre 2001. Depuis que le monde occidental s'est lancé dans des guerres contre le terrorisme islamiste international, il y a eu des attitudes et des communications qui ont déplu et choqué au sein de la communauté internationale. Le poids des mots est d'une importance capitale dans les relations internationales. Lorsque le monde occidental défend des valeurs démocratiques et justifie ses interventions en matière de lutte contre le terrorisme, il faut se soucier de la manière dont les récipiendaires appréhenderont les messages. Cela s'est déjà vu avec des pays qui ont exprimé leur ressenti d'être assimilés à des systèmes adeptes de valeurs anti-démocratiques et faisant montre de mansuétude voire davantage vis-à-vis des organisations terroristes alors qu'ils luttent contre ces dernières. Une mauvaise communication ne peut pas favoriser la paix entre les peuples. En revanche, elle peut tendre des relations diplomatiques.

Pour conclure, lorsque nous évoquons la thèse de Samuel Huntington portant sur le choc des civilisations, nous y ajoutons une dimension communication qui nous semble insurpassable. Cette thèse fut rédigée dans les années 1990, c'est-à-dire à une période où l'ultra-domination américaine était à son apogée. De nos jours, nous croyons toujours en ce choc civilisationnel considérant que les Etats-Unis connaissent une adversité qui ne cache plus ses ambitions et qui dispose d'arguments de puissance qui induisent un changement dans la manière de communiquer. Depuis l'orée du XXIème siècle, le monde a considérablement changé. La diplomatie doit s'adapter à cette réalité. S'il est compréhensible que le monde occidental cherche à demeurer dominant sur la scène internationale, la manière de communiquer doit considérer l'adversité qui conteste son leadership en matière de *hard power* notamment.

Vladimir Poutine l'irrationnel ?
Février 2022

L'opération militaire menée par la Russie, pour reprendre la terminologie officielle du Kremlin, a vivement été critiquée en Occident. L'alliance atlantique est passée par différentes émotions. La consternation, la colère, la désolation et tant d'autres ont animé les débats survenus le 24 février 2022 au sein de l'Union européenne (UE), de l'OTAN ou encore de la Maison Blanche. Tout le monde fustige l'agression russe, cette volonté manifeste de Moscou de vouloir en découdre sur un terrain militaire en proposant une provocation grandissante menant sur les sentiers de la guerre. Bien que le Kremlin s'en défende, en procédant à des tirs de missiles et à l'avancée de troupes blindées en territoire ukrainien, il s'agit d'actes de guerre. Tout s'est déroulé à grande vitesse au point que le lendemain, les services de renseignement européens annonçaient que les forces armées russes se rapprochaient dangereusement de Kiev… Pour la capitale ukrainienne, il est effectivement à craindre qu'il y ait un renversement politique et que le Président Zelensky soit contraint de fuir. En Occident, la vague d'indignation suscitée par l'offensive russe a été accompagnée de commentaires très acerbes à l'encontre de Vladimir Poutine. Beaucoup le décrivent comme un dirigeant dangereux. Certains l'ont qualifié de paranoïaque ou d'irrationnel. Il est entendu qu'au regard de la situation, si beaucoup n'écartaient pas le risque d'une guerre avec l'Ukraine, tous espéraient secrètement que le Président ne mettrait pas ses menaces à exécution.

Dans le camp occidental, le ton est unanime : Vladimir Poutine a franchi la ligne blanche. Il a été trop loin dans sa provocation. Dans les médias, l'émotion est vive. Cet homme, pour lequel beaucoup rappellent la carrière au sein du KGB, constitue la plus grande menace pour la paix et la sécurité en Europe depuis la fin de la Seconde Guerre mondiale. L'ancien ministre français des Affaires étrangères Hubert Védrine ne manqua pas de faire valoir sa colère en déclarant que Vladimir Poutine était sans doute un tacticien mais pas un stratège. [29]

Le 25 février, à la mi-journée, la Russie se dit ouverte à la négociation… tout en posant la condition que l'Ukraine dépose les armes. La veille, l'UE annonça vouloir renforcer ses sanctions à l'égard de Moscou à un niveau jamais atteint. Quant à la communication officielle de Joe Biden, elle affirmait défendre tout morceau de territoire membre de l'OTAN mais n'envisageait pas d'envoyer de troupes en Ukraine… En d'autres termes, il faut comprendre que l'alliance occidentale ne souhaite pas en découdre frontalement avec la Russie. D'ailleurs, cela ne fait qu'aller dans le sens du chef de l'armée de terre allemande qui dénonce l'impréparation de son pays à une guerre. [30]

Depuis longtemps, la Russie est suspecte. Elle est souvent diabolisée. Quant à Vladimir Poutine, l'Occident lui reproche souvent son autoritarisme, sa vision glaciale et belliqueuse des relations internationales. Depuis qu'il est l'homme fort du pays, il en est à sa sixième intervention militaire de la sorte. Les médias occidentaux ne manquent pas de souligner la désapprobation de nombreux Russes d'envahir ainsi l'Ukraine. C'est peut-être le cas. L'opération militaire menée par Moscou ne fait certainement pas l'unanimité en Russie. En revanche, de là à estimer que Vladimir Poutine est devenu irrationnel, pour le coup, nous ne partageons pas cet avis. Au contraire, nous défendons

---

[29] Eugénie Bastié, « *Hubert Védrine: «Poutine commet une erreur historique* » », www.lefigaro.fr, 24 février 2022
[30] « *Allemagne: le chef de l'armée critique l'impréparation militaire du pays* », www.challenges.fr, 24 février 2022

l'idée qu'il est rationnel, qu'il est un fin tacticien et stratège. D'ailleurs, il n'est pas incompatible de revêtir ces deux qualités et de connaître la défaite. Il sait ce qu'il fait, sans doute avec un certain degré de défaut de maîtrise de la situation si jamais l'OTAN décidait de répliquer par la force. L'alliance occidentale semble plutôt privilégier d'autres axes de riposte que la confrontation armée pour laquelle elle escompte affaiblir l'homme fort du Kremlin.

En revanche, le chef de l'Etat russe a surtout montré au monde occidental qu'il n'entendait plus s'ouvrir à la diplomatie pour qu'on lui impose des conditions préalables. C'est sans doute ce qui a fait défaut à l'alliance atlantique et aux dirigeants de ses Etats membres. La Russie a provoqué afin d'imposer un rapport de force. Elle a montré qu'elle était prête à intervenir pour manifester sa détermination à mener des opérations militaires tout en se voulant ouverte au dialogue. Ce dernier devait cependant se dérouler sous certaines conditions. La Russie s'érige face au monde occidental d'une manière pour laquelle elle a joint les actes aux paroles. Elle n'a pas attaqué l'Ukraine par surprise. Tout le monde était prévenu et envisageait le scénario d'une opération militaire. Quelles sont les réactions prises faces à ces attaques dénoncées ? L'option numéro un porte sur des sanctions économiques. On entre ainsi dans le débat du choc culturel. Russes et autres Occidentaux ne perçoivent pas les rapports de force de la même manière. Lorsque Vladimir Poutine se montre prêt à se battre sur le terrain, l'adversité envisage le duel autrement. L'affrontement armé ne doit être que l'option de dernier recours, d'autant plus que le maître du Kremlin semble faire face à des difficultés inattendues dès les premières heures de combat.

Le Président de la Fédération de Russie a peut-être et sans doute commis des erreurs aux dires d'Hubert Védrine mais notre ressenti penche davantage pour le fait qu'il ait gagné son pari en créant le désordre. Par « gagner », il faut comprendre qu'il a défié le monde occidental et escompte obtenir satisfaction, malgré les critiques, car il aura mis en échec toute forme de réaction adverse susceptible de lui faire abandonner ses envies de conquête. Il n'a cependant jamais fermé la porte au dialogue. Il a joué. L'Occident voulait l'intimider et lui poser des conditions de négociation. Il a répliqué en annonçant qu'il allait intervenir. Il a été très cohérent dans sa manière de communiquer. Il a eu la confirmation que l'alliance atlantique redoutait le scénario d'un affrontement armé avec la Russie ainsi qu'une impréparation à la guerre. Pour autant, il n'est pas dit que Vladimir Poutine sorte vainqueur d'Ukraine. Il a réussi à mettre à exécution ses menaces. Les affrontements armés sont désormais une réalité mais rien n'indique que ses plans fonctionnent comme il le souhaite.

D'aucuns évoquent l'irrationnalité de Vladimir Poutine en rappelant que ce dernier considère la chute de l'URSS comme la plus grande catastrophe géopolitique du XXème siècle. Cet épisode qui marqua la fin de la guerre froide est-il douloureux au point d'en faire un homme habité par une obsession maladive lui faisant perdre le contrôle du sens des réalités ? Rien n'est moins sûr. A bien y regarder, cette énième crise opposant la Russie à l'Ukraine n'est pas une nouveauté. En revanche, depuis sa prise de fonctions en 2000, les tensions opposant Moscou à Kiev ont connu une évolution ascendante. Ce que le monde occidental considère comme l'annexion de la Crimée (la vision du problème est perçue différemment par la Russie) pouvait laisser entendre que le Kremlin ne s'arrêterait pas à cette péninsule. A l'époque des faits, souvenons-nous de ces rapports glaciaux avec Barack Obama alors Président des Etats-Unis et dont le numéro deux n'était autre que Joe Biden. Souvenons-nous aussi du soutien apporté par Hillary

Clinton en personne aux manifestants de la place Maïdan à Kiev. Il y eut les nombreuses polémiques qui marquèrent l'élection présidentielle de 2016 aux Etats-Unis. D'ailleurs, cette affaire conserve de nombreuses zones d'ombre, tant du côté russe qu'américain. Il y a eu des campagnes de cyberattaques russes contre Hillary Clinton et son parti politique mais du côté démocrate, il y a probablement eu une certaine facilité à coller tous les maux possibles à la Russie, comme éventuellement de suspecter Donald Trump d'être à la solde de la Russie. Ce dernier a toujours été un ardent défenseur des intérêts de son pays. Quant à ses relations avec la Russie, il est difficile de lui reprocher une quelconque complaisance vis-à-vis de Moscou.

En somme, la crise ukrainienne actuelle survient en pleine gouvernance démocrate aux Etats-Unis, quelques semaines après la fin du long règne d'Angela Merkel en Allemagne, un an après le Brexit et à quelques semaines d'une élection présidentielle en France pour laquelle le Président Macron jouera sa réélection. Une fois de plus, tout cela intervient aussi après le départ en catastrophe des forces coalisées d'Afghanistan sommées par les Talibans de quitter Kaboul au plus vite. Vladimir Poutine a soigneusement étudié les faiblesses institutionnelles, militaires et autres du monde occidental. Au risque de nous tromper, nous penchons plutôt pour l'hypothèse que Vladimir Poutine est rationnel. Il est sans doute plus enclin à prendre des risques que ses adversaires et c'est ainsi qu'il les intimide. Peut-on croire que de simples sanctions économiques parviendront à le dissuader de stopper ses armées en Ukraine ? Non, non et non ! Vladimir Poutine propose une provocation militaire et on lui oppose des sanctions économiques ? Si son intervention en Ukraine est critiquable et condamnable, il ne faut pas s'y méprendre : le monde occidental a sa part de responsabilité dans l'affaire. Le 24 février, un article publié dans le journal français Le

Figaro faisait une présentation critique mais fondée relative à la faiblesse occidentale en affirmant que Vladimir Poutine *« table sur la passivité de l'Europe, molle et divisée, rétive par principe ou habitude. »* [31] La Russie agit tandis que le camp occidental ne fait que réagir. Les opérations militaires menées en Ukraine sont choquantes aux yeux de l'alliance atlantique mais elles surviennent à un moment où Vladimir Poutine s'est senti en position de force. Il n'a pas attaqué n'importe quand. Pourquoi n'avancerait-il pas jusqu'à Kiev puisque personne ne s'oppose à lui à l'exception des forces armées ukrainiennes ? Le message est violent : la Russie montre qu'elle ne craint personne et qu'elle bouscule sans ménagement l'autorité occidentale.

Tout ce qui se produit en Ukraine résulte d'une réflexion mûrement réfléchie. Le Kremlin n'a pas ordonné une offensive de la sorte par hasard. Il est dit que le Président Poutine agit dangereusement, qu'il est animé par des ambitions relevant de la mégalomanie et d'un trouble obsessionnel. En attendant, il ne tergiverse pas. Il attaque et met l'alliance atlantique devant le fait accompli. Cette dernière tarde à réagir. Pourtant, le chef de l'Etat russe a soigneusement préparé le terrain depuis longtemps. Il avançait ses pions pendant que le camp adverse cherchait une issue diplomatique tout en continuant de menacer le Kremlin de sanctions. Ce n'est pas ainsi que l'on gagne le respect et la considération de la Russie. Moscou était prêt à écouter à condition qu'on ne lui donne pas l'impression de lui indiquer une forme de supériorité occidentale. Le monde occidental n'a pas gardé en mémoire la chronologie des événements de 2014 avec la crise de la Crimée qui éclata fin février, puis le début de la guerre du Donbass quelques semaines plus tard… et la signature d'un accord géant sur les hydrocarbures entre la Russie et la Chine en mai. Cela

---

[31] Isabelle Lasserre, *« Guerre en Ukraine: pourquoi Poutine n'a plus peur de personne »*, www.lefigaro.fr, 24 février 2022

signifie que Moscou et Pékin négociaient déjà depuis un certain temps les conditions de cet accord énergétique d'une valeur de quatre cents milliards de dollars. La Russie venait de sceller le moyen de contourner les sanctions économiques imposées par l'Occident et déplaçant son centre de gravité commercial vers l'Orient. Cela signifie surtout que Moscou avait préparé le terrain politique et économique avec Pékin avant de s'engager dans les crises de la Crimée et du Donbass.

Le parallèle est saisissant au regard des événements de février 2022. La Chine et la Russie ont conjointement déclaré leur désapprobation d'une expansion territoriale de l'OTAN et de l'Ankus dans la région indo-pacifique. Trois semaines plus tard, Moscou passe à l'offensive sous le regard incrédule de Pékin. La différence porte sur le fait que l'intensité de la crise est cette fois-ci supérieure à celle de 2014. Cette ressemblance nous laisse penser que tout a été minutieusement préparé et que l'attitude russe à l'égard de l'alliance atlantique consiste à lui indiquer que l'ère de sa domination totale sur les grands enjeux internationaux est désormais révolue. Non seulement Vladimir Poutine ne craint plus personne mais il se sent fort au point d'être le maître du jeu dans la crise ukrainienne, ou du moins de le penser. Ses adversaires tardent à riposter et lui continue d'avancer jusqu'à Kiev sans ciller. Cette fois, c'est lui qui propose l'opportunité d'une négociation mais il impose les règles du jeu. De notre point de vue, tout semble indiquer qu'il demeure un dirigeant d'Etat rationnel, tacticien et stratège. En revanche, cela ne lui garantit pas d'obtenir ce qu'il désire. Malgré tout, il rencontre une opposition inattendue en Ukraine. Si les forces armées russes parviennent à détruire des infrastructures ciblées, elles ne s'empareront pas de Kiev facilement où l'armée locale peut compter sur le renfort de nombreux volontaires qui donnent du fil à retordre à l'ennemi.

Les 26 et 27 février, les tensions opposant la Russie à l'OTAN prirent une nouvelle dimension dramatique lorsque le Kremlin déclara sommairement avoir mis ses forces de dissuasion nucléaire en état d'alerte. Vladimir Poutine a donc brandi la menace nucléaire... tandis que l'armée russe rencontre des difficultés en Ukraine. L'opposition armée ukrainienne tend effectivement à s'organiser et inflige des pertes du côté russe. Dans le camp occidental, les commentaires fusent : si la Russie dispose de la force nucléaire, les Etats-Unis, le Royaume-Uni et la France l'ont également. Une fois de plus, les camps en présence se testent et s'évaluent mutuellement. A ce jeu, c'est le maître du Kremlin qui place toujours la surenchère. Après tout, n'avait-il pas proposé à Kiev une négociation à la condition que l'armée ukrainienne dépose les armes ? D'heure en heure, la situation évolue. La menace nucléaire survient alors que l'armée russe vient de conquérir la région de Tchernobyl, comme un symbole. La Russie est déterminée à aller au-delà du scénario anticipé par l'Occident, c'est-à-dire une invasion circonscrite aux régions séparatistes. Kiev est dans le collimateur de Moscou. Vladimir Poutine s'est lancé dans une opération de communication laissant craindre le pire et faisant dire à certains détracteurs qu'il est devenu fou ou bien qu'il est paranoïaque.

Quant à l'alliance occidentale, elle a frappé fort en renforçant son arsenal de sanctions. L'espace aérien européen est désormais interdit d'accès aux compagnies aériennes russes. La Russie se retrouve bannie de la plateforme SWIFT, un réseau interbancaire international. Cette dernière sanction doit porter un coup rude à l'économie russe. D'ailleurs, le 28 février, à l'ouverture des marchés financiers européens, le rouble perdit 30% de sa valeur face au dollar. Finalement, est-ce que la principale menace pesant sur la Russie ne viendrait pas de l'intérieur ? La question se pose d'autant plus qu'il existe en effet des contestations en Russie.

Aux Nations Unies, lors d'une réunion sur le climat, un délégué russe a présenté ses excuses au nom de tous les Russes et a manifesté son admiration pour la délégation ukrainienne participant à cette assemblée. Il s'agit d'un geste puissant émanant d'un officiel russe. Il montre surtout que les décisions du Kremlin ne sont pas validées par tout le monde en Russie. Cet événement, survenu le 27 février, a sans doute influencé la tenue de négociations bipartites en Biélorussie, à compter du 28 février, qui incluent l'Ukraine et la Russie. Bien que l'usage hypothétique de la force nucléaire ne soit pas une menace à prendre à la légère, il semblerait surtout que les plans russes ne se déroulent pas comme ceux escomptés par Vladimir Poutine. Pour autant, ces signes laissent entendre que la Russie doute et qu'elle a peut-être surestimé sa capacité à conquérir l'Ukraine. Ils ne doivent nonobstant pas occulter une autre réalité : jamais aucune puissance étrangère ne s'était aventurée à contester la domination occidentale avec un tel degré de provocation. Certains verront dans l'alliance occidentale une force collective qui a su se montrer efficace contre les menaces russes. D'autres considèrent plutôt que l'attitude russe a surtout montré une évolution des relations internationales : la domination occidentale peut être contestée. La Russie a agi. Du côté de la Chine, on observe de près l'évolution de la situation en Europe de l'Est...

De notre point de vue, nous n'avons pas été convaincus par les capacités de défense de l'alliance atlantique qui a certes apporté son soutien au Président Zelensky. Elle n'entend pas s'engager dans une lutte armée contre les forces russes sur le territoire ukrainien. Il s'agit sans doute d'une stratégie mûrement réfléchie mais la question qui subsiste demeure : l'OTAN aurait-elle peur de s'engager dans une lutte armée contre la Russie ? Y serait-elle préparée ? Fort heureusement, le scénario d'une guerre Russie-OTAN semble s'éloigner malgré la menace nucléaire. En revanche, l'attitude russe à l'égard de l'Ukraine restera comme une cicatrice, c'est-à-dire une trace visible, pour l'ensemble du monde occidental qui n'avait plus été mis à rude épreuve de la sorte depuis longtemps.

Une fois de plus, il y a plusieurs lectures possibles. La première est d'affirmer que la crise ukrainienne a resserré les liens au sein de l'UE et de l'OTAN. C'est sans doute le cas car l'impression qui prédomine porte sur un esprit de cohésion. La deuxième se veut plus critique. Elle porte sur l'attitude du Président Biden qui a été défaillant dans son entreprise diplomatique et le temps de réaction de l'alliance occidentale face aux intimidations et actions russes. D'ailleurs, lorsque le Président Zelensky, qui a refusé la proposition occidentale pour une exfiltration et d'être placé en sécurité, a demandé que l'UE intègre son pays dans les plus brefs délais parmi ses Etats membres, nous sommes en droit de nous demander si Bruxelles acceptera aussi facilement de faire adhérer un pays qui partage autant de frontières avec la Russie. En somme, est-il dans l'intérêt de Bruxelles de compter Kiev dans ses rangs ? La question se pose d'autant plus que l'Ukraine bénéficie effectivement d'un soutien logistique de la part des Occidentaux mais ces derniers iraient-ils jusqu'à renvoyer la Russie dans les cordes en lui faisant l'affront d'intégrer l'Ukraine en qualité de vingt-huitième Etat membre et de « s'assurer » des relations toujours plus tendues avec Moscou ? Encore faudrait-il que le processus d'adhésion se déclenche effectivement. La déclaration de la Présidente de la Commission européenne Ursula von der Leyen à Euronews portant sur l'Ukraine pour laquelle elle affirme

« qu'ils sont des nôtres et nous les voulons avec nous » [32] doit être considérée prudemment. Elle n'a fait qu'exprimer une opinion personnelle, tout en précisant qu'il s'agissait d'une vision à long terme. L'adhésion de l'Ukraine à l'UE demeure conditionnée à des textes juridiques qui définissent les conditions d'entrée de tout nouveau membre. Le Président Zelensky s'est aussitôt exprimé pour déclarer qu'il était favorable à une adhésion de son pays « sans délai ». A l'évidence, son vœu ne sera pas exaucé de sitôt.

Vladimir Poutine a sans doute commis plusieurs erreurs concernant ses ambitions ukrainiennes et le mécontentement de Russes (militaires et civils, pour l'instant encore minoritaires semble-t-il) qui n'approuvent pas cette opération militaire. Tout cela en fait-il un homme irrationnel ? Notre réponse est négative. Il a attaqué dans les régions séparatistes puis à plus grande échelle car il était dans son intention de troubler le monde occidental, d'en découdre avec lui et sans doute de tester sa puissance. A certains égards, quelle que soit l'issue de la crise ukrainienne, il aura en partie réussi. Il n'obtiendra vraisemblablement pas ce qu'il voulait concernant l'Ukraine mais il a troublé la quiétude du monde occidental. Il aura en tout cas montré à la Chine qu'elle peut à son tour se montrer vindicative vis-à-vis de l'Occident et de l'alliance Aukus notamment dans la zone indo-pacifique. Ne serait-ce pas l'intérêt commun à Moscou et à Pékin de déstabiliser le leadership politique et économique du monde occidental ?

---

[32] Jérôme Cristiani, *« Von der Leyen veut l'Ukraine dans l'UE (« Ils sont des nôtres») , Zelensky répond : oui, tout de suite ! »*, www.latribune.fr, 28 février 2022

Colère homérique du Président Biden… et
maladresses de communication ?
Mars 2022

26 et 27 mars 2022, un peu plus d'un mois après le
début des combats en Ukraine, la patience du Président Joe
Biden atteignit ses limites. Au cours de plusieurs
déclarations effectuées aux médias, il s'emporta au point de
qualifier son alter ego russe de « dictateur » ou de
« boucher », des mots qui ne sont que très voire trop
rarement employés dans les arcanes politiques
internationales. Pire, il alla même jusqu'à confier qu'un
changement à la tête de la gouvernance de la Russie devait
être pensé… laissant entendre qu'un renversement de
Vladimir Poutine pût être imaginé. Ce commentaire fut sans
doute celui de trop puisque la Maison Blanche communiqua
à son tour pour sauver les apparences et indiquer que le
fond de la pensée de Joe Biden n'était pas d'imaginer un
plan pour écarter le Président de la Russie du pouvoir.

Résultat des courses : Joe Biden a été trop loin et n'a
pas maîtrisé sa communication. Toutefois, il y a le fond et
la forme. Sur la forme, il a été maladroit. Pour que la
Maison Blanche réagisse de la sorte en apportant des
précisions, il est certain que l'intervention de son auteur
n'était pas la plus opportune au niveau de son contenu. Le
chef de l'Etat français déclara peu après qu'il n'aurait pas
communiqué de la même manière, sous-entendant ainsi
avec tact qu'il n'était pas d'accord avec les mots de son
confrère américain. En revanche, sur le fond, le Président
des Etats-Unis a exprimé une colère qu'il ne dissimule plus
et a surtout affiché sa détermination de vouloir en découdre
avec Vladimir Poutine. Ce dernier continue de menacer la
paix dans le monde ? L'Occident, les Etats-Unis en tête, va
se charger de lui montrer qu'il n'est pas le plus fort et
encore moins le maître du jeu ! Pour Joe Biden, ces

communications tendent à montrer qu'il est l'homme animé par une résolution infaillible de combattre l'arrogance du Kremlin.

Le chef de l'exécutif américain est monté d'un cran dans sa communication. C'est sa manière de montrer au monde qu'il ne se laissera pas influencer par Vladimir Poutine. C'est par la même occasion une opportunité de montrer à ses détracteurs aux Etats-Unis qu'il n'est pas l'homme mou si souvent décrit. Il ne peut pas laisser la Russie poursuivre ses efforts de guerre en Ukraine en toute impunité. De plus, il est désormais temps pour Washington de montrer son intransigeance vis-à-vis de Moscou.

Les différends entre les deux capitales sont anciens. Au-delà de ces ressentis inamicaux et réciproques qui rappellent les effluves de la guerre froide d'antan, les Etats-Unis comptent mettre la Russie à mal, là où cette dernière a largement été critiquée ces dernières années pour ses campagnes de subversion, d'espionnage, de provocation et autres moyens déployés pour mener cette guerre hybride avec le monde occidental. L'alliance atlantique semble résolue à s'engager fermement contre les agissements du Kremlin et de la doctrine Guerassimov, du nom du chef de l'Etat-major des armées de Russie qui a mis en place cette guerre hybride.

Joe Biden n'a pas oublié pas le climat glacial qui animait les rencontres entre Barack Obama et Vladimir Poutine. Il n'a pas non plus oublié la campagne électorale de 2016 lors de laquelle fuitèrent un certain nombre de mails compromettants concernant le parti démocrate et Hillary Clinton, alors candidate annoncée comme favorite du scrutin face à l'inexpérimenté Donald Trump. Nous connaissons la suite. Les rancœurs américaines contre la Russie sont nombreuses et Washington a visiblement décidé de siffler la fin de la partie. Le monde occidental ne répond pas à la Russie sur le terrain de l'affrontement militaire mais a opté pour une stratégie qui vise à l'affaiblir économiquement afin de mieux la déstabiliser.

En s'aventurant en Ukraine, Vladimir Poutine a été trop loin. Sans doute a-t-il considéré qu'il était de son devoir d'attaquer puisque personne ne lui opposa de résistance en 2014 avec l'affaire de la Crimée puis la guerre du Donbass. De même, lorsqu'il intervint pour soutenir le leader syrien Bachar el-Assad, malgré le mécontentement occidental, personne ne lui manifesta de réprobation suffisamment percutante au point de le faire réfléchir et de rebrousser chemin. Si on le laisse faire, il continuera d'avancer et de provoquer. On lui prête des ambitions démesurées et animées par une volonté indéfectible de restaurer l'empire des tsars. Plus prosaïquement, il a surtout fait en sorte de signifier au monde que la Russie devait être traitée d'égal à égal avec le camp occidental à n'importe quelle table des négociations, qu'elle compte parmi les principales puissances politiques de la planète. Quant à l'Ukraine, elle est dans son collimateur depuis qu'il pilote la Russie. A ses yeux, Kiev est trop proche de l'Occident et des Etats-Unis notamment. Cette pensée lui est insupportable. De même, l'Ukraine ne doit pas adhérer à l'Union européenne… et encore moins à l'OTAN.

L'alliance atlantique se refuse toujours de s'engager dans un conflit armé avec la Russie. Après quatre semaines de combats en Ukraine, l'armée russe rencontre des difficultés qu'elle n'avait manifestement pas prévues. Vladimir Poutine se retrouve ainsi dans l'impasse : il ne peut pas quitter le pays et se risquer à perdre la guerre. Il n'a pas d'autre choix que de poursuivre ce qu'il a entamé. Bien que des négociations avec l'Ukraine se déroulent en Turquie, il est manifeste qu'aucun des camps en présence n'entendra accéder aux exigences formulées par l'adversaire. Le Président Zelensky affiche une détermination sans faille à bouter hors de ses frontières l'ennemi russe. A défaut d'obtenir ce qu'il réclame, notamment une présence militaire humaine de l'OTAN en Ukraine, il peut compter sur un important soutien logistique et financier. Cela permet à l'armée nationale ainsi qu'aux nombreux combattants venus prêter main forte à cette dernière de résister et de contrarier les offensives russes.

Dans le dossier ukrainien, Vladimir Poutine a toujours montré l'image d'un homme désireux de camper le rôle du maître du jeu. Il n'avait sans doute pas prévu que son opération militaire rencontrât autant de difficultés. L'idée initiale portait sur une guerre éclair qui ne devait pas durer plus de deux semaines. L'objectif est raté. Ces contrariétés du terrain expliquent en partie la communication du Kremlin relative à la menace nucléaire. Cette dernière incarne effectivement l'arme ultime, celle qui peut sceller le sort de l'Ukraine et les relations difficiles que la Russie entretient avec le monde occidental. L'alliance atlantique n'entend pas céder à la pression. Elle a compris que Vladimir Poutine rencontre des difficultés imprévues. Ainsi, les mots durs et peu communs employés par Joe Biden résonnent comme un message adressé au numéro un russe : il a déclenché l'impensable, ce que tout le monde redoutait en Occident ; il va désormais lui falloir en assumer les conséquences.

Le duel engagé entre l'alliance occidentale et la Russie promet d'être âpre. Si la Maison Blanche est intervenue pour apporter des éclaircissements aux propos tenus par Joe Biden, il ne faut pas s'y tromper. Il y a vraisemblablement une partie de vérité dans ce qui a été dit. Pour lui, le monde y gagnerait si un changement de gouvernance politique et de régime devaient survenir en

Russie. Au niveau de la communication protocolaire, il s'agit d'une erreur. Il ne devait pas s'exprimer de la sorte. En revanche, au regard des circonstances de la crise ukrainienne et du ressenti occidental à l'égard du Président Poutine, personne ne lui en tiendra rigueur. D'ailleurs, nous nous interrogeons : si la Maison Blanche a rapidement réagi pour mettre un terme à la polémique, est-ce que les propos du Président Biden n'étaient pas intentionnels ? Après tout, une telle déclaration constitue un message direct adressé au Kremlin. En filigrane, il ne s'agit pas uniquement de montrer à la Russie que l'alliance atlantique poursuivra ses efforts pour contrarier les intentions russes ; si Vladimir Poutine ne sort pas vainqueur de cet affrontement, il lui sera difficile de conserver le pouvoir. Les propos tenus par Joe Biden étaient assurément intentionnels bien que maladroits. Ils montrent surtout qu'il fera son possible pour déstabiliser son homologue russe. Le message est passé.

Sans surprise, le Kremlin s'indigna des commentaires présidentiels en les qualifiant d'« alarmants ». Dans la foulée, le Président Biden réaffirma ne rien retirer à ce qu'il avait pu dire et qui obligea la Maison Blanche à communiquer en urgence. Il affirma ainsi faire part d'une indignation personnelle à défaut de vouloir exprimer une quelconque opinion suggérant l'idée d'un renversement du pouvoir en Russie. Il se défendit en indiquant qu'il était favorable à un départ de Vladimir Poutine du pouvoir russe. Cela ne manqua pas de faire réagir tant en Occident qu'en Russie.

En s'en prenant de la sorte au chef de l'exécutif russe, bien qu'il fasse part d'une opinion personnelle, il tend davantage un climat ambiant déjà anxiogène car Moscou interprète ces propos comme l'expression d'une intention à peine voilée d'inciter à un changement politique en Russie. En même temps, cela ne fait que confirmer la réalité des relations diplomatiques opposant la Russie aux Etats-Unis. En d'autres termes, la crise ukrainienne est l'événement qui incarne l'occasion rêvée pour Joe Biden de déstabiliser Vladimir Poutine et de le mettre en difficulté. Il n'a cependant pas écarté l'idée d'une rencontre avec son homologue russe tout en précisant que cela dépendrait de ce dont ce dernier aurait à proposer. Il s'agit là d'une manière de renvoyer la pression dans le camp russe. En clair, il n'acceptera une rencontre qu'en étant en position de force.

Au travers de cette communication de Joe Biden, nous comprenons que les grandes manœuvres sont engagées tandis que les négociations entre l'Ukraine et la Russie se poursuivent en Turquie. Aux dires des médias, les deux camps sembleraient enclins à des concessions afin de faire évoluer favorablement les discussions. Les interventions remarquées de Joe Biden ne sont pas innocentes. Elles ne sont pas destinées à mettre de l'huile sur le feu afin de faire échouer ces négociations mais elles visent à gêner la Russie. Cette dernière rencontre des difficultés militaires sur le terrain. L'opposition armée ukrainienne est résistante. Russes et Ukrainiens partagent sans doute un intérêt : faire en sorte que la lutte armée ne s'éternise pas. Dès lors, il est logique que les deux camps cherchent à s'accorder sur des conditions négociées afin de calmer les hostilités. Les communications de Joe Biden surviennent donc dans ce contexte si sensible : si la Russie est prête à faire des concessions à l'Ukraine, il faudra que Kiev en tire le meilleur parti possible. Dans le cas contraire, la guerre continuera.

En conclusion, les apparences peuvent parfois être trompeuses. Il est possible que le Président Biden ait commis de grossières erreurs de communication en s'en prenant directement à Vladimir Poutine de la sorte. Dans pareil cas, les craintes émises par certains dirigeants occidentaux de voir les négociations de paix compromises se trouvent justifiées. Cependant, une autre lecture est envisageable. Le choix des mots est peut-être calculé. Certes, la Maison Blanche est rapidement intervenue pour dissiper toute forme de malentendu et de polémique, mais nous ne pouvons pas exclure que Joe Biden n'ait pas intentionnellement communiqué ainsi en vue de contrarier la stratégie de négociation de la Russie avec l'Ukraine et d'indiquer à cette dernière qu'elle doit se montrer intransigeante dans les conditions en cours de négociations. Quant à l'opinion personnelle de Joe Biden, elle est sans doute sincère. Il ne s'opposerait pas à départ de Vladimir Poutine mais il ne peut pas le provoquer en le suggérant tel qu'il l'a fait : en droit international, cela s'appelle une ingérence. En l'occurrence, il s'agirait d'une intervention extérieure qui s'effectuerait sans le consentement de la Russie et qui irait à l'encontre de la souveraineté de l'Etat. C'est la raison pour laquelle nous pensons que le véritable message adressé par Joe Biden n'est pas destiné à inciter au renversement de Vladimir Poutine. Nous imaginons plutôt qu'il s'inscrit dans ce que nous pourrions qualifier de *symétrie de l'impensable*. Lorsque le Président Poutine dégaina la menace nucléaire, l'onde de choc fut grande car il avait osé brandir l'éventualité d'une guerre qui prendrait alors une autre dimension. Peut-être que face à une telle menace, Joe Biden a tout simplement voulu répliquer à son tour par une autre menace tout aussi « inimaginable » : personne n'avait jamais osé exprimer sa volonté de voir Vladimir Poutine quitter le Kremlin. En somme, les coups de communication du Président des Etats-Unis ont surpris car ils ont pris tout le monde de court, à commencer par Moscou. C'était peut-être l'effet recherché par son auteur. Nous lui accordons le bénéfice du doute.

Guerre en Europe orientale et flambée des prix du pétrole
Avril 2022

Le 7 mars 2022 restera une date historique. Une dizaine de jours après le déclenchement des hostilités en Ukraine par l'armée russe, les prix d'échange du pétrole brut frôlèrent éphémèrement 140 $ pour le baril de Brent. Un tel niveau n'avait plus été atteint depuis près de quinze ans. A l'époque, il s'agissait d'ailleurs d'un record absolu. Depuis plusieurs années, les prix du pétrole brut sont plutôt bas. Ces derniers ont connu une envolée en raison de la dégradation de la crise en Ukraine et de l'éclatement de la guerre. Cette situation de crise a rapidement généré des craintes sur les marchés financiers. Outre les problématiques de défaut de production ou d'approvisionnement en or noir, qu'en était-il d'un éventuel durcissement des sanctions économiques à l'égard de la Russie ? La question n'est pas anodine d'autant plus que cette dernière fait partie des trois plus grands producteurs mondiaux et exporte près la moitié de sa production qui, en 2021, était supérieure à onze millions cinq cent mille barils quotidiens. La Russie est par conséquent un acteur majeur du marché pétrolier mondial. Le déclenchement des hostilités en Ukraine a par conséquent été suivi d'effets néfastes pour les consommateurs. Le risque d'une pénurie de pétrole a rapidement germé pour inquiéter et affoler les marchés internationaux. Ainsi donc, la demande a soudainement augmenté et induit une forte hausse des prix d'échange.

Pour les importateurs de pétrole brut, cette flambée des prix est évidemment mal vécue. Dans de nombreuses juridictions, le prix de l'essence a ainsi explosé. En France, le litre est désormais vendu à deux euros tandis qu'un tel niveau de prix paraissait impensable il y a encore peu.

L'essence est devenue un bien de consommation de luxe que beaucoup de Français ne peuvent plus payer. Ce sujet fait d'ailleurs débat parmi les candidats à l'élection présidentielle qui doit se tenir en avril 2022. Beaucoup d'acteurs publics et privés contestent l'augmentation des prix ; d'autres, au contraire, s'en réjouissent. Pour les producteurs, qu'ils soient publics ou privés, vendre à un tel niveau de prix est une aubaine. Certains espèrent que les sanctions économiques prononcées contre la Russie concerneront prochainement les exportations d'hydrocarbures. Si Moscou devait ne plus en exporter, d'autres sauteraient sur l'occasion pour augmenter leur production et ravir des parts de marché. Avec de tels prix d'échange, il va sans dire que les retombées économiques escomptées relèvent du jackpot.

Deux mois après le début de la guerre en Ukraine, l'alliance atlantique semble plus unie que jamais face à la Russie. Tous ses membres s'accordent à intensifier leur arsenal de sanctions contre Moscou. L'objectif est clair : exercer une pression maximale sur l'économie russe. Ainsi, la stratégie consiste à éviter toute forme d'intervention militaire et de privilégier l'affaiblissement de l'économie russe qui mettrait en difficulté Vladimir Poutine. Pourtant, il existe des dissensions en Europe au sujet des sanctions pouvant être prononcées contre les hydrocarbures russes. Au sein de l'Union européenne (UE), il y a débat. La tendance générale porte sur le fait qu'il faille intensifier les sanctions économiques contre Moscou. Dès lors que l'on évoque le pétrole et le gaz, deux grandes catégories apparaissent : ceux qui veulent s'attaquer aux importations d'hydrocarbures russes et ceux qui, au contraire, préfèrent ne pas y toucher.

La réalité énergétique européenne est simple en matière de consommation de pétrole et de gaz. Une partie des approvisionnements provient de Russie. La dépendance des Etats membres de l'UE diffère en fonction de la localisation géographique de ces derniers. Les pays d'Europe centrale et orientale sont essentiellement alimentés en hydrocarbures russes. Pourtant, ces derniers s'opposent fermement à la Russie et se prononcent favorablement à des sanctions visant les importations d'hydrocarbures russes. Ce n'est pas le cas de tous. L'Allemagne ne partage pas cette vision mais pourrait toutefois changer d'avis en raison de la découverte d'horreurs commises sur les populations civiles dans la région de Kiev. Ces exactions sont attribuées aux troupes russes. Plusieurs enquêtes ont été diligentées pour essayer de comprendre ce qu'il s'est passé et surtout qui a commis ces atrocités. Les soupçons occidentaux portent sur des massacres orchestrés par l'armée russe (décision d'un officier sur terrain ou ordre donné par les plus hautes autorités russes, la question se pose). Face à la découverte de telles scènes de désolation, l'Allemagne semble prête à reconsidérer sa position concernant les importations d'hydrocarbures russes.

Le 7 avril 2022, l'UE annonça la mise en place d'un nouveau paquet de sanctions. L'une d'elles portait notamment sur un embargo prononcé contre les importations de charbon russe à compter d'août 2022. C'était la première fois que Bruxelles s'en prenait directement aux livraisons d'énergie. Il s'agissait peut-être d'un signe avant-coureur laissant entendre que de prochaines sanctions pussent être prononcées concernant le pétrole et le gaz russes. Le Parlement européen s'y était montré favorable. Jusqu'à présent, l'industrie pétrolière et gazière n'était pénalisée qu'en amont, c'est-à-dire qu'elle ne concernait pas les livraisons. Les massacres de Boutcha pourraient changer la donne.

Le 8 avril, une frappe de missile atteignit la gare de Kramatorsk, une ville située dans le Donbass, tandis que de nombreux civils étaient massés sur les quais dans l'espoir de prendre un train leur permettant de fuir la région. Le missile tua plusieurs dizaines de personnes et en blessa une centaine. Cet événement souleva une nouvelle fois l'indignation. La frappe du missile fut attribuée à la Russie qui, quelques jours plus tôt, avait opté pour un changement de stratégie militaire en concentrant ses efforts de guerre sur la partie orientale de l'Ukraine. Si l'enquête devait confirmer l'origine russe de la frappe, un tel événement pourrait déclencher la mise en place d'un nouvel arsenal de sanctions visant Moscou. Les livraisons de pétrole et de gaz russes pourraient alors être visées.

Le pétrole au cœur de nombreuses crises et enjeux internationaux

Si les hydrocarbures russes suscitent autant d'attention de la part de l'alliance atlantique, la raison en est simple : le modèle économique russe repose en partie sur la vente de ces matières premières. La Russie fait partie des géants mondiaux des hydrocarbures. Pour le camp occidental, dès lors que la stratégie de réponse visait à s'attaquer à l'économie russe, les marchés internationaux ont aussitôt commencé à se préoccuper des conséquences de sanctions ciblant le pétrole russe et les perturbations pouvant être occasionnées sur l'offre mondiale. Les prix s'envolèrent aussitôt. De même, des craintes portant sur les approvisionnements, d'éventuelles sanctions économiques à venir ou encore la durée du conflit ukrainien influencèrent un effet spéculatif frôlant la frénésie. Le baril de Brent s'échangea éphémèrement autour de 140$ tandis que depuis 2016, il avait connu deux épisodes où le niveau d'échange fut inférieur à 30$. Il est certain que l'impact sur les marchés financier n'aurait pas été le même s'il s'agissait d'un producteur de bien moindre importance. En l'occurrence, la Russie fait partie des trois plus gros producteurs mondiaux de pétrole brut. Le fait qu'elle s'attaque à un pays limitrophe soutenu par le monde occidental eut tôt fait d'affoler le secteur financier.

La crise en Ukraine nous rappelle que malgré les efforts soutenus par la communauté internationale de s'engager dans une transition énergétique visant à réduire sa dépendance aux ressources fossiles, l'or noir demeure la ressource naturelle la plus influente sur les relations internationales. Ce constat vaut depuis un siècle. Le pétrole a toujours été directement ou indirectement associé aux grandes crises du XXème siècle. Nous pouvons citer les deux guerres mondiales pour lesquelles il occupa une place centrale : celui qui ne pouvait plus assouvir ses besoins pétroliers serait condamné à la défaite. C'est ce qui valut à l'ancien homme d'Etat français Georges Clémenceau une fameuse réflexion pour laquelle il considéra qu'une goutte de pétrole valait une goutte de sang. Il faisait référence à l'importance cruciale du pétrole pendant la Première Guerre mondiale. Cela se confirma pour la Seconde Guerre mondiale. L'Allemagne nazie s'était engagée en Russie afin d'accéder aux réserves pétrolières d'Azerbaïdjan dans la mer Caspienne. Elle n'y parvint jamais. La pénurie d'approvisionnement de l'armée allemande en pétrole contribua à changer le cours des choses pendant la guerre. Et que dire du poids du pétrole pendant la guerre froide et de la montée en puissance du cartel de l'OPEP ? Les chocs pétroliers de 1973 et 1979 se produisirent parce que les producteurs d'or noir avaient compris son importance sur l'économie mondiale. Elle était telle que la moindre perturbation observée sur les marchés financiers mettait le monde en émoi. Pour un producteur, il suffisait d'annoncer sa volonté de perturber l'offre pour se faire entendre. C'est ce que fit l'OPEP dans les années 1970. Les prix s'envolèrent tandis que le cartel avait volontairement réduit son offre. Dans les années 1980, ce fut le cas contraire. Une alliance scellée avec le camp occidental avait convenu d'ouvrir les vannes de la production afin d'inonder le monde de pétrole... et de noyer l'économie soviétique, agonisante, dont le modèle reposait en partie sur les ventes d'or noir. On a tendance à l'oublier mais le pétrole a eu une importance de taille sur l'issue de la guerre froide. Il l'a précipitée.

Quelle fut la première crise internationale post-guerre froide ? L'invasion du Koweït par l'Irak. Cela occasionna la première guerre du Golfe. Le pétrole était une nouvelle fois un enjeu central de cette crise. L'armée irakienne incendia près de sept cents puits de pétrole au Koweït. Pour rappel, Saddam Hussein s'était estimé lésé par ses alliés occidentaux au terme du long conflit ayant opposé son pays à l'Iran. Il voulut se « rembourser » en envahissant le Koweït voisin et en lorgnant sur ses abondantes réserves pétrolières. Le monde occidental, les Etats-Unis en tête, ne l'entendit pas de cette oreille. L'ONU approuva le principe d'une intervention armée. Une coalition internationale engagea une lutte armée contre les troupes irakiennes qui furent incapables de rivaliser avec l'ennemi. Cette guerre du Golfe marqua une nouvelle phase des relations internationales avec la fin de la guerre froide. Un nouvel ordre mondial était alors en train de se dessiner avec l'affirmation de l'ultra-domination américaine sur le monde.

Dans les années 1990, les besoins pétroliers de la Chine augmentant, cette dernière fut contrainte de se tourner vers l'extérieur afin de satisfaire sa demande nationale. Dans les années 2000, sa montée en puissance économique fut associée à sa consommation de pétrole. Pour l'Administration Bush, une évidence s'imposa : que la Chine ne pût plus accéder aussi facilement au pétrole. A Pékin, il devint capital de diversifier les partenariats stratégiques afin d'assurer les importations nécessaires au bon fonctionnement économique du pays. Les partenariats stratégiques se multiplièrent en Afrique, en Amérique du Sud et autres régions. Toujours est-il qu'aux yeux des Etats-Unis, le meilleur moyen de freiner l'ascension économique chinoise était de perturber ses approvisionnements en or noir. Cela n'a jamais empêché la Chine de satisfaire ses besoins domestiques. Pire, sa montée en puissance s'est manifestée au travers de l'alliance stratégique conclue avec l'Iran en 2021, pays honni par les Etats-Unis, qui permettra à la Chine d'acheter pendant vingt-cinq ans du pétrole iranien. L'exemple chinois, parmi tant d'autres, est une parfaite illustration des enjeux géopolitiques qui gravitent autour du pétrole.

Intérêts nationaux et enjeux géopolitiques

En deux années, le secteur pétrolier est passé par tous les états. En avril 2020, la valeur référence américaine, le WTI, connut un effondrement des prix d'échange du baril et atteignit une valeur négative. Pareil cas de figure stupéfia le monde de la finance. -37$ pour un baril, c'était du jamais vu. Cela signifiait qu'un détenteur de stocks se retrouvait dans l'obligation de payer un acheteur pour se délester de ses barils. Bien que la situation fût éphémère, elle marqua les esprits. Le marché mondial venait de connaître un dérèglement inédit provoqué notamment par le cumul de deux facteurs : premièrement, la crise sanitaire Covid-19 qui avait fortement impacté la demande mondiale en pétrole tandis que pendant un temps, l'offre ne s'était pas adaptée aux besoins réels. L'économie mondiale fut en effet ralentie en raison de la propagation de la pandémie mais le secteur pétrolier continua de produire abondamment. De nombreux stocks ne trouvèrent plus preneur. Pire, une autre inquiétude préoccupa le monde : quid de la menace de la saturation des capacités de stockage ? En effet, la question se posa pendant quelques temps. Dans la précipitation, des détenteurs de stocks voulurent se délester au plus vite de barils qui ne trouvaient pas acquéreur. Cela impacta fortement les prix du pétrole à la baisse. Deuxièmement, en mars 2020, un désaccord survint entre l'Arabie saoudite et la Russie, deux des trois plus grands producteurs mondiaux de pétrole, relatif à la politique de production de l'or noir au sein de l'alliance OPEP + en vue d'enrayer la chute inexorable des prix d'échange. Le but recherché par Riyad était de convaincre Moscou de s'engager dans une politique de baisse de la production afin de réduire l'offre mondiale. La Russie refusa. Le royaume wahhabite s'engagea alors dans une politique agressive sur les prix qui se traduisit par une chute brutale des prix d'échange.

Covid et désaccord sur la politique de production au sein de l'OPEP eurent tôt fait de perturber un marché déjà confronté à des difficultés récurrentes, notamment depuis l'introduction des pétroles de schiste par les Etats-Unis sur les marchés internationaux. L'exploitation de ces pétroles non-conventionnels a la particularité de nécessiter moins d'investissements pour parvenir à exploiter la matière première tandis que le retour sur investissement est beaucoup plus rapide que pour un gisement dit conventionnel. Ainsi, les Etats-Unis, qui disposent d'abondantes réserves de pétroles de schiste, misèrent sur ces derniers et en profitèrent pour augmenter leur capacité de production. Ils purent ainsi commencer à exporter une partie de leur production tandis que le pays avait pour habitude de la consacrer à sa consommation domestique. De même, au regard du modèle économique d'exploitation de ces pétroles non-conventionnels, les producteurs américains pouvaient vendre leur production à un prix bien inférieur à celui des pétroles conventionnels… tout en réalisant d'importants profits. Pendant la présidence Trump, l'objectif de la Maison Blanche fut d'impacter les prix de vente de l'or noir vers le bas afin de garantir au consommateur américain des prix accessibles à certains produits dérivés comme l'essence. Cette stratégie avait également pour but d'affaiblir le modèle économique national des principaux concurrents : l'Arabie saoudite et la Russie.

Depuis 2016, les prix d'échange de l'or noir étaient défavorables aux producteurs. Pour certains, il en allait de la survie de leur activité. L'irruption de la Covid-19 entraîna des conséquences inattendues, ou du moins, elles étaient attendues dans une certaine mesure. Le ralentissement de l'activité à grande échelle induisit une forte baisse de la demande globale en pétrole. L'offre ne s'ajusta pas immédiatement à la réalité du marché et provoqua cette surabondance de pétrole sur le marché mondial. Pour ce secteur d'activité, la convalescence fut longue. Peu à peu, les prix du baril remontèrent et se stabilisèrent autour de 60 à 70$. L'éclatement de la guerre en Ukraine eut immédiatement une incidence sur les prix. On craignit aussitôt qu'une crise prolongée pût générer des conséquences fâcheuses sur l'offre disponible et les circuits d'approvisionnement. La panique s'empara des marchés financiers et les prix d'échange s'envolèrent. Ils dépassèrent rapidement 100$ et frôlèrent 140$ pour le baril de Brent.

Dans pareille situation, il y a des acteurs heureux et d'autres qui le sont moins. Pour les producteurs, vendre le pétrole à un prix aussi élevé était inespéré. Il fallait donc en profiter ! Pour les acheteurs, cela allait considérablement gonfler la facture énergétique. Lorsque l'éventualité de sanctionner les hydrocarbures russes commença à circuler à Washington et à Bruxelles, d'aucuns virent l'opportunité de gagner des parts de marché « abandonnées » par la Russie. La chasse aux profits était ouverte ! Le spectre d'éventuelles sanctions élargies contre les exportations d'hydrocarbures russes aiguisa l'appétit de producteurs qui imaginaient pouvoir tirer profit d'un contexte inédit avec des prix d'échange qui n'avaient plus été atteints depuis une décennie.

Pour la Russie, l'imposition de nouvelles sanctions économiques portant sur les exportations de pétrole et de gaz entraînerait des conséquences dramatiques. Le 8 mars 2022, le Président Biden annonça un embargo sur les importations de pétrole russe.

En Europe, l'attitude de la Russie en Ukraine exaspère certains dirigeants qui appellent à prononcer les sanctions les plus sévères concernant les hydrocarbures russes. Cela concerne notamment des pays qui dépendent pourtant fortement des approvisionnements de ces derniers. Nous l'avons déjà vu, cette pensée ne fait pas l'unanimité au sein de l'UE. De plus, après plusieurs semaines de combats, il semble probable que l'opposition armée se poursuive. Entre temps, l'effet de panique observé sur les marchés financiers s'est essoufflé. Il faut désormais composer avec ce conflit armé en Europe orientale. Cela signifie que des solutions sont pensées pour assurer la production nécessaire à l'échelle mondiale en cas de prolongation de la guerre. Cela inclut également d'autres problématiques telles que le transport et la distribution du pétrole. Les prix d'échange ont par conséquent baissé. Mi-avril 2022, depuis le début du mois, ils demeuraient élevés mais stabilisés autour de 100 à 110$ tant pour le baril de Brent que le WTI. Ils étaient moins fluctuants qu'en mars où l'incertitude était beaucoup plus grande. Le fait que la Russie ne soit pas parvenue à atteindre les objectifs de guerre qu'elle s'était fixés a sans doute contribué à baisser le « niveau d'alerte », c'est-à-dire de calmer les spéculateurs qui s'étaient rués sur l'achat de pétrole brut une quinzaine de jours après le commencement des hostilités en Ukraine. Un vent de panique accompagna les marchés financiers lorsque les premiers échos de potentielles sanctions portant sur les exportations russes commencèrent à circuler en Europe. Cela se comprend d'autant plus que la Russie est le premier fournisseur en pétrole de l'UE, à hauteur de 27%, sachant que tout autre partenaire compte pour moins de 10% des importations pétrolières. Ainsi, une question lancinante tarauda les spéculateurs : comment l'UE allait-elle compenser ses besoins pétroliers en cas de sanctions allant dans ce sens contre la Russie ? Le spectre d'un déficit en approvisionnement voire de pénurie s'empara des marchés financiers, d'autant plus que l'Europe connaissait parallèlement des problèmes d'approvisionnement de nombreux biens de consommation… ce qui se traduisit par une forte augmentation des prix de nombreux biens de consommation pour l'acheteur final.

L'UE exhorte ses Etats membres à prévoir une diversification de leurs fournisseurs d'énergie, le gaz naturel en tête puisque pour ce marché, certains d'entre eux dépendent presque exclusivement des importations de gaz russe. Dans les relations internationales, toute dépendance est associée à un danger. En l'occurrence, pour l'UE, le danger était de trop dépendre des importations d'hydrocarbures russes et de se retrouver incapable de compenser ce qui ne serait plus acheté à la Russie. Le meilleur moyen de montrer à cette dernière que des sanctions portant sur les importations de pétrole et de gaz ne seraient pas préjudiciables pour l'UE est de s'assurer en amont de pouvoir satisfaire à ces besoins énergétiques avec d'autres fournisseurs. Cela a contribué à affoler les marchés financiers. D'ailleurs, rappelons que les vingt-sept membres de cette union d'Etats ne partagent pas un avis unanime quant au niveau de sanction devant atteindre les exportations de ressources fossiles russes. Cependant, dans l'hypothèse où l'UE annoncerait des sanctions sur les livraisons de pétrole et de gaz russes, Moscou a déjà averti que la Russie se tournerait vers la Chine et d'autres juridictions. On imagine cependant que Bruxelles ne se risquerait pas à sanctionner la Russie de la sorte sans s'être assuré en amont que chacun de ses membres soit certain de satisfaire ses besoins pétroliers et gaziers. En d'autres termes, ce n'est pas une telle sanction qui enflammerait les marchés financiers outre mesure. Les effets se manifesteraient à très court terme. En revanche, tandis que la guerre continue de faire rage, un autre facteur peut influencer les prix d'échange de pétrole. Pour le coup, il pourrait entraîner les prix vers le bas.

Guerre en Ukraine et nouvelle influence de la Covid

Le conflit ukrainien semble parti pour durer. Les ingrédients sont réunis pour que cette crise soit durable. La Russie pensait pouvoir écraser son voisin en procédant à une intervention rapide et devant être ponctuée de succès. Il n'en est rien. Quant à l'Ukraine, elle combat âprement les forces armées russes au point que le Kremlin ait opté pour une autre stratégie : concentrer son effort de guerre dans la partie orientale du pays. Entre temps, le monde occidental a commencé à évoquer des crimes de guerre commis par la Russie. Mi-avril, les accusations ont pris une nouvelle dimension : le Président Biden dénonce désormais un génocide perpétré par Moscou. Cette communication s'est accompagnée d'une hausse des prix d'échange de l'or noir en raison de craintes fondées sur l'offre. En effet, l'emploi du mot *génocide* laisse entendre que de nouvelles sanctions économiques pourraient être prononcées contre la Russie et que ces dernières impactent l'offre mondiale.

Chaque jour, de nouvelles découvertes dramatiques sont faites en Ukraine et sont systématiquement attribuées à la Russie. Après les images montrant de nombreuses victimes civiles ukrainiennes gisant dans les rues de villes désertées par les troupes russes, raison pour laquelle le monde occidental désigne ces dernières comme étant les auteures de ces horreurs, la Russie est désormais suspectée d'avoir eu recours à l'emploi d'armes chimiques à Marioupol. Tout cela contribue à prolonger la guerre en Ukraine. Les accusations sont d'une extrême gravité tandis qu'on n'imagine pas que Kiev et Moscou parviennent à trouver un terrain d'entente pour calmer les hostilités. La lutte armée va se poursuivre.

Le Président Poutine n'a pas d'autre choix que de poursuivre la guerre. Il lui est impossible de rendre les armes sans se risquer à perdre son pouvoir en Russie. Quant à son homologue ukrainien, il n'accepterait jamais qu'un arrêt des combats soit acté avec des conditions qui pénaliseraient son pays. Il est farouchement décidé à combattre son adversaire et il espère obtenir la victoire. Ses partenaires occidentaux poursuivent leurs livraisons d'armes et d'équipements militaires. Ils continuent de débloquer des fonds pour aider l'effort de guerre ukrainien. La stratégie demeure inchangée : pas d'intervention militaire pour l'OTAN mais la mise en œuvre d'une stratégie visant à affaiblir l'économie russe au travers d'une guerre coûteuse pour cette dernière et l'imposition de lourdes sanctions économiques.

La guerre en Ukraine est donc partie pour durer. Elle comporte ainsi son lot d'incertitudes. Personne n'a l'assurance de la gagner. L'incertitude demeure à l'évidence une des grandes craintes des marchés financiers. Cette inquiétude se traduit par une hausse des prix du pétrole. En effet, cela signifie que les acheteurs vont chercher à acquérir des stocks tandis que l'offre ne s'adapte pas à la demande réelle ou bien que les marchés anticipent une possible baisse à venir de l'offre globale et / ou une augmentation significative de la demande. En d'autres termes, les prix d'échange augmentent lorsque l'offre se raréfie par rapport à la demande. Ce qui est rare est cher.

Pourtant, malgré toutes les incertitudes générées par la guerre, un autre facteur influence au contraire les prix de l'or noir à la baisse : la Covid. Cette forme de coronavirus n'a définitivement pas disparu de la circulation. Elle continue d'évoluer et en dépit des campagnes de vaccination promues dans le monde, elle continue de sévir. Un pays est en train d'imposer de nouvelles périodes de confinement de la population : la Chine. Une telle décision a été adoptée à Shanghai notamment où une partie de la population a été appelée à ne plus sortir de chez elle en raison de nombreux cas de contamination. Depuis plusieurs semaines, les autorités dirigeantes chinoises s'inquiètent du nombre élevé de nouveaux cas de Covid révélés chaque jour. A l'heure où sont rédigées ces lignes, la situation sanitaire en Chine est suffisamment préoccupante pour que nous imaginions que la propagation de la Covid ne se limite pas qu'à la région de Shanghai.

Dans l'hypothèse où il faille confiner plusieurs dizaines voire centaines de millions d'individus, cela induirait un ralentissement de l'activité économique nationale. Cela s'était déjà produit en 2020. La Chine avait alors réduit sa demande en pétrole. Considérant qu'elle est le premier importateur mondial d'or noir, un fort ralentissement de sa demande s'était alors rapidement répercuté sur les marchés financiers. Cette tendance fut accentuée lorsque le monde occidental fut contraint de confiner les populations et par conséquent de vivre à son tour un ralentissement de l'activité économique. La conséquence immédiate fut une baisse de la demande en pétrole. Ceci précipita la chute brutale des prix d'échange de l'or noir. En quelques semaines, la demande mondiale s'effondra tandis que l'offre demeura conséquente et inadaptée à la demande réelle.

Une crise Covid prolongée en Chine pourrait entraîner des conséquences désastreuses pour la Russie. En effet, si la demande pétrolière chinoise devait baisser significativement, les prix d'échange de l'or noir tendraient alors à la baisse. Ces derniers sont élevés car l'offre est inférieure à la demande. Si la crise Covid doit à nouveau impacter la demande mondiale et qu'elle induise un rééquilibrage du rapport offre-demande, les prix baisseraient assurément.

Si tout prix se fonde sur ce rapport offre-demande, il s'écarte parfois de cette théorie économique lorsque des facteurs exogènes risquent d'influencer une perturbation du marché. Par risque, il faut comprendre un effet d'annonce, une information, une rumeur ou la formation d'une tendance résultant d'un effet de panique qui peut à tout moment affoler un marché. Cela est particulièrement vrai pour le pétrole. Son poids et son influence sont tels dans l'économie mondiale et dans les relations internationales que tout élément pouvant provoquer un effet redouté peut s'en retrouver amplifié sur les marchés financiers. En d'autres termes, une crainte portant sur un risque relatif à l'offre, aux approvisionnements en pétrole ou autre problématique portant sur une inquiétude exacerbée peut avoir des incidences sur les prix d'échange bien que la menace ne soit pas nécessairement réelle. Toute menace peut faire l'objet de croyances, qu'elle soit fondée ou infondée. Ainsi, elle peut se prolonger dans le temps. Par exemple, il suffit qu'une rumeur porte sur d'éventuelles intentions d'un acteur de s'en prendre à des infrastructures stratégiques pouvant perturber la production ou le transport du pétrole dans de grandes proportions pour que les prix s'emballent. Pourtant, il est tout à fait possible que le scénario redouté ne se produise jamais.

En revanche, si la demande mondiale de pétrole connaît à nouveau un scénario analogue à celui de 2020, une baisse globale proche de dix millions de barils par jour en comparaison de 2019, elle n'empêchera pas une forte baisse des prix d'échange, malgré la guerre en Ukraine et toutes les inquiétudes qu'elle peut susciter. Par conséquent, la Covid peut rebattre les cartes des enjeux pétroliers mondiaux. Elle peut également devenir la pire hantise du Kremlin qui verrait ses revenus pétroliers chuter tandis que l'effort de guerre constitue un coût considérable pour l'économie nationale.

Conclusion

Alors que la France s'apprête à élire son nouveau Président de la République, la campagne électorale a été largement éclipsée par la guerre en Ukraine qui occupe depuis plusieurs semaines l'essentiel de l'actualité médiatique. Cependant, les douze candidats ayant tenté leur chance au premier tour ont fait campagne. Parmi les principaux thèmes abordés, le pouvoir d'achat des Français incarne celui pour lequel chacun a fait des propositions afin de séduire un maximum d'électeurs. Ainsi, certains ont proposé de plafonner le prix d'achat de nombreux produits de première nécessité. Les prix ont effectivement considérablement augmenté depuis le début de l'année en raison de problématiques liées au transport des marchandises et la forte hausse des prix du pétrole et de ses produits dérivés. En France, le prix du litre d'essence a ainsi atteint le seuil symbolique de deux euros voire bien davantage. Pour de nombreux Français, un tel prix d'accès n'est plus supportable. Il en va de même pour de nombreux biens de consommation dont les prix ont sévèrement augmenté dans la grande distribution. Tout cela intervient donc en pleine campagne électorale en vue de désigner le prochain chef de l'Etat pour les cinq prochaines années. Le prix de l'essence constitue donc un enjeu électoral. Pour les foyers modestes, se déplacer coûte beaucoup plus cher. De nombreux individus peinent à utiliser leur moyen de locomotion pour travailler. Ce qui vaut pour la France vaut également pour de nombreuses autres juridictions qui importent l'essentiel de leurs besoins pétroliers.

Le pétrole se retrouve donc une fois de plus au cœur des grands enjeux d'une crise qui inquiète beaucoup de monde. Si nul ne sait comment cette dernière s'achèvera, l'or noir cause beaucoup de tracas, au point qu'au sein de l'UE, le débat portant sur des sanctions visant les importations de pétrole et de gaz russes continue d'alimenter des dissensions entre les Etats qui veulent impacter un maximum l'économie russe et ceux plus hésitants à frapper cette dernière sur ce qu'elle fournit abondamment en Europe. Ce ne sont pas nécessairement les pays dépendant le plus aux hydrocarbures russes qui se montrent les moins favorables à sanctionner le plus sévèrement Moscou. Au contraire, ce sont ceux qui se veulent sans concession à l'égard de la Russie.

La crise ukrainienne a eu une grande incidence sur la flambée des prix du pétrole. Le prix du baril s'échange depuis plusieurs semaines à des niveaux de prix qui n'avaient plus été atteints depuis une décennie. Pour les producteurs, les affaires sont profitables. Pour les acheteurs de pétrole brut et les consommateurs de produits dérivés de l'or noir, le son de cloche est différent. Les prix de nombreux produits ont fortement augmenté au point de devenir inaccessibles à certains. Au sein de l'alliance atlantique, si les Etats-Unis n'ont pas longtemps hésité à prononcer un embargo contre les importations de pétrole et de gaz russes, il n'en va pas de même en Europe. Dans le Vieux Continent, on se soucie davantage des répercussions sur les marchés pétroliers internationaux si la Russie se retrouvait fortement pénalisée dans ses exportations. Le pouvoir d'achat des Européens est une problématique qui concerne une majorité d'Etats membres de l'UE. Considérant qu'une grande majorité importe l'essentiel de ses besoins pétroliers, les conséquences pour les finances du consommateur sont importantes dès lors que le baril s'échange à un prix élevé.

Du côté de l'alliance occidentale, l'autre facette de la crise ukrainienne porte sur la volonté d'asphyxier au maximum l'économie russe afin d'affaiblir la position de Vladimir Poutine dans son pays. Pour cela, il faut donc s'en prendre aux secteurs d'activité les plus lucratifs pour le modèle économique russe. Le pétrole fait partie des cibles occidentales. Parallèlement, cela génère des craintes sur les marchés financiers et favorise une tendance spéculative qui pousse les prix d'échange à la hausse.

En Occident, avec la crise ukrainienne, on aurait presque oublié que la pandémie Covid est toujours d'actualité. Chaque jour, des individus continuent de mourir des complications de la maladie. Les statistiques officielles font état d'un nombre des décès bien inférieur en comparaison de la période qui précéda les campagnes de vaccination. Cependant, les cas de contamination en Europe demeurent très élevés. La pandémie n'est pas encore vaincue. La situation sanitaire devient d'autant plus inquiétante que la Chine communique désormais d'une manière dont elle ne fut pas coutumière en 2020 et en 2021. Elle informe que les cas de contamination connaissent une forte hausse. Dans plusieurs régions, il a été procédé à des reconfinements des populations.

Chacun se souvient que l'activité économique mondiale fut ralentie en raison de la pandémie qui s'était propagée dans le monde entier. Or un ralentissement aussi notable de l'activité économique avait alors été accompagné d'une forte baisse de la demande mondiale en pétrole. Autrement dit, si la demande globale d'or noir devait à nouveau baisser significativement, les prix d'échange suivraient la même trajectoire. Dans cette hypothèse, les conséquences économiques pour la Russie seraient catastrophiques. Le pays n'imaginait pas s'engager dans une intervention armée durable et aussi coûteuse. Avec l'arsenal de sanctions économiques déjà déployé à son encontre, une baisse importante des prix d'échange du pétrole aurait des incidences fâcheuses pour l'économie russe. Au 15 avril 2022, la guerre en Ukraine n'est pas sur le point de s'arrêter. Les prix d'échange du pétrole demeurent élevés (proches ou supérieurs à 100$ par baril de Brent). Ils peuvent à nouveau s'emballer si l'UE devait interdire les importations de pétrole et de gaz russes dans ses juridictions. En revanche, la crise sanitaire Covid n'est définitivement pas révolue. Les nouveaux confinements décidés en Chine laissent planer une incertitude : ces confinements pourraient-ils prochainement être promus à plus grande échelle au risque de perturber à nouveau le bon fonctionnement de l'économie mondiale? Une telle hypothèse rebattrait de nombreuses cartes et pourrait par ailleurs avoir une incidence sur le cours de la guerre en Ukraine.

Les horreurs de la guerre : des querelles irrésolues jusqu'au chaos
Avril 2022

Est-il besoin de diffuser des images insoutenables pour évoquer la dure réalité d'une guerre ? Le conflit opposant l'Ukraine à la Russie n'échappe pas à la règle du pouvoir de l'image. On montre des cadavres jonchant le sol, abandonnés, certains étant calcinés. Les informations fusent en pagaille. Il se dit que l'armée russe essuie des pertes militaires considérables. Le bilan humain est très lourd. Les pertes logistiques le sont tout autant. Vladimir Poutine se voit contraint de changer de stratégie et de concentrer ses efforts militaires dans l'Est de l'Ukraine. Des scènes d'horreur animent ce pays devenu martyr tandis que Moscou et Kiev poursuivent leurs discussions en Turquie afin de tenter de trouver un terrain d'entente qui mettrait fin aux hostilités... ou du moins qui essaierait de les apaiser quelques temps. La Russie fait donc face à des difficultés inattendues par le Kremlin. De nombreux généraux et colonels ont payé de leur vie cette intervention en Ukraine. Jamais autant d'officiers russes n'étaient tombés au combat depuis la Seconde Guerre mondiale. Le scénario était tellement peu prévu par le Président Poutine qu'une déclaration en forme d'aveu retentit après plus d'un mois de combats acharnés : de mauvais renseignements auraient poussé le numéro un russe à prendre des décisions aux lourdes conséquences. S'il est une certitude, c'est précisément que le Kremlin avait misé sur une guerre éclair. C'est raté. Il se murmure en Occident que l'armée n'a jamais osé s'ériger contre les volontés de Vladimir Poutine de peur de provoquer sa colère. On a ainsi tu une impréparation à la guerre. Beaucoup de soldats envoyés en Ukraine n'étaient manifestement pas préparés à se battre. L'équipement a également souffert. Entre les hommes tombés et blessés au combat et ceux désabusés qui pour certains ont opté pour la désertion, l'engagement russe en Ukraine paraît compromis.

En face, l'armée ukrainienne fait mieux que se défendre. Elle a empêché son adversaire d'avancer à sa guise. Renforcée par un élan national dévoué à la défense du pays, elle oppose davantage qu'une résistance. Elle paraît plus forte que l'adversité. Du côté ukrainien, les pertes militaires sont également nombreuses. A l'instar de chaque conflit armé, les populations civiles ne sont pas épargnées. Début avril 2022, la ville de Boutcha voit les troupes russes se retirer. La région de Kiev commence à se dépeupler de l'armée russe sommée de se rendre sur le front de l'Est. Rapidement, les médias relayent des images d'horreur. On parle de plusieurs centaines de personnes abattues par les troupes russes avant leur départ. Les cadavres peuplent les routes dévastées par les combats. Des viols et autres humiliations humaines sont rapportés. Aussitôt, l'Ukraine et ses soutiens occidentaux dénoncent des crimes de guerre. L'alliance atlantique évoque une intensification des sanctions contre la Russie. Des voix s'élèvent pour réclamer la traduction d'officiels russes devant une cour pénale internationale.

L'horreur n'a pas de limites. A l'instar de la grande cité côtière de Marioupol, Boutcha incarne l'image de la ville martyre. En Occident, une réaction unanime condamne ce qui est supposément attribué à l'armée russe. En l'occurrence, les victimes se comptent par centaines voire par milliers. Nul ne sait combien de civils ont trouvé la mort. Lorsque la Russie affirme ne s'attaquer qu'à des cibles stratégiques et militaires, il s'agit d'un mensonge. Combien de civils ukrainiens ont péri dans les bombardements et autres circonstances ? Beaucoup trop.

Pour ce qui est des forces armées, combien de soldats et combattants ukrainiens et russes ont donné leur vie ? S'il est difficile d'avancer un bilan humain fiable, après un mois et demi de combats, de nombreuses estimations font état de plusieurs dizaines de milliers de morts. Le nombre de blessés est sans doute tout aussi considérable. Les médias occidentaux rapportent que de nombreux soldats russes ne comprennent pas cette guerre, qu'ils ne la cautionnent pas, qu'il ne parviennent pas à se faire à l'idée de combattre un ennemi avec lequel ils ont pourtant été frères d'armes lors de la Seconde Guerre mondiale et de tous les conflits au sein desquels l'URSS fut engagée. Naguère, Ukrainiens et Russes combattaient côte à côte. Aujourd'hui, les Ukrainiens haïssent les Russes. Cette guerre laissera des traces durables. Le 5 avril, il se dit en Occident que le peuple russe désapprouve la guerre. Pourtant, en Russie, un sondage semble indiquer que la popularité de Vladimir Poutine ne cesse de croître tandis que le peuple approuve majoritairement ses décisions au regard de l'Ukraine. [33] Qui dit vrai ?

Si les deux pays cherchent désormais à négocier un accord diplomatique, nous sommes convaincus qu'une telle issue n'enterrera définitivement pas la hache de guerre. Les maux sont bien trop profonds. La haine ne se dissipera pas par enchantement. D'ailleurs, quid d'un éventuel accord diplomatique ? Serait-il accepté par le peuple ukrainien ? Nous pouvons nous interroger car il n'est pas certain qu'il accepte qu'une partie du territoire national puisse quitter le giron de Kiev. Quant à la Russie, si l'opération militaire ne tourne pas comme elle était initialement escomptée, elle ne pourra pas capituler comme si de rien n'était. Si l'Ukraine paraît plus que jamais en position de force pour négocier, Moscou n'a aucunement l'intention de céder sans obtenir

---

[33] Tristan Gaudiaut, *« Russie : la popularité de Poutine en hausse depuis l'invasion de Ukraine »*, fr.statista.com, 5 avril 2022

certaines satisfactions... à moins que le système ne s'effondre de l'intérieur. Par effondrement interne, il faudrait comprendre une désolidarisation globale exprimée à l'encontre de Vladimir Poutine et de son équipe dirigeante. Cela induirait que l'armée s'insurge contre les ordres du Kremlin, que la population nationale exprime son ras-le-bol de la situation au regard des pertes humaines et des dégâts économiques occasionnés ou encore que les élites économiques s'insurgent contre le pouvoir exécutif.

Aux yeux de l'Occident, Vladimir Poutine incarne le mal, celui qui a tout provoqué et qui est allé jusqu'à brandir la menace nucléaire. Bien qu'il s'en défende, il est l'agresseur. C'est lui qui a ordonné à ses armées d'intervenir en Ukraine, à des fins sécuritaires, bien qu'ayant rapidement eu envie de s'attaquer à des territoires plus vastes que ceux défendus par les troupes séparatistes. Les faits ne plaident pas en sa faveur. Pourtant, les origines de cette opération militaire revêtent un caractère provocateur qui n'est pas uniquement l'apanage de la Russie. Au sein de l'alliance occidentale, le cas de l'annexion de la Crimée n'a jamais été digéré. En Russie, la perception est différente. Ce qui est qualifié d'annexion d'un côté et présenté comme une volonté des Criméens de quitter le giron ukrainien pour se rattacher à la Russie. Le référendum organisé en 2014 est qualifié de mascarade en Occident tandis que Moscou le présente comme l'expression du peuple de manifester son attachement à la Russie. De manière générale, l'Occident voit la Russie comme le méchant et inversement. Pour ce qui est du conflit en Ukraine, nous nous méprendrions sans doute à accorder tous les torts à la Russie. L'Occident détient une part de responsabilités. Il y a des torts des deux côtés.

Avec l'arrivée au pouvoir de Vladimir Poutine, il était écrit que la Russie espèrerait retrouver une place de choix sur la scène politique internationale. Bien qu'il fût propulsé au pouvoir grâce à Boris Eltsine, il ne voulait pas que son pays ne fît qu'approuver les volontés occidentales, celles des Etats-Unis en tête. La Russie devait s'affirmer. Confortée par un renouveau économique lié à la hausse des prix d'échange des hydrocarbures, elle parvint peu à peu à redevenir un acteur incontournable des relations internationales et à manifester son hostilité à l'Occident. Aux yeux de Vladimir Poutine, le grand rival n'était autre que les Etats-Unis. Quant à l'Union européenne (UE), il lui reprochait de suivre les décisions du grand frère américain. Le maître du Kremlin a toujours considéré que la fin de l'URSS était une immense catastrophe géopolitique. Il a systématiquement montré de la distance et de la méfiance vis-à-vis de l'Occident, comme aux plus grandes heures de la guerre froide. Les raisons de tendre les relations diplomatiques n'ont pas manqué. Entre affaires d'espionnage, empoisonnements et autres faits divers qui alimentèrent l'actualité, on en oublierait presque l'animosité du Président Poutine à l'égard de l'OTAN. Or sur ce point, il avait un avis très clair sur la question : il lui était insupportable d'imaginer que l'alliance atlantique pût s'étendre jusqu'à ses frontières. Autrement dit, il n'imaginait pas un instant que l'Ukraine adhérât à l'organisation. Il en allait de même pour la Géorgie. Tous les soutiens occidentaux apportés à Kiev et à Tbilissi concernant une éventuelle adhésion à l'UE ou à l'OTAN étaient vécus à Moscou comme des provocations. En août 2008, à l'approche des Jeux olympiques d'été, une guerre éclata entre la Russie et la Géorgie au sujet de la région séparatiste de l'Ossétie du Sud. Ce conflit s'étendit jusqu'à l'Abkhazie. Au moment des faits, le Président de la Fédération russe était Dmitri Medvedev tandis que Vladimir Poutine pilotait l'action gouvernementale. Les événements survenus en Géorgie rappellent étrangement ceux qui se déroulèrent en Ukraine en 2014 puis en 2022.

En somme, il est certain que les guerres mêlant la Russie à d'anciennes républiques soviétiques ne sont pas qu'un simple avertissement. Elles résultent de désaccords profonds survenant entre le monde occidental et Moscou. La Russie passe à l'action lorsqu'elle estime que la « provocation » occidentale va trop loin. De même, les conflits éclatèrent systématiquement lorsque l'Ukraine et la Géorgie étaient présidées par des gouvernants pro-européens et favorables à l'OTAN. Du côté occidental, si les soutiens verbaux apportés à Kiev et Tbilissi n'ont jamais manqué de faire réagir Moscou, on a toujours appréhendé les conflits avec une certaine distanciation. Par distanciation, il faut comprendre plusieurs paramètres. Premièrement, des déclarations verbales laissant entendre que la Géorgie et l'Ukraine pourrait un jour adhérer à l'UE et / ou l'OTAN ont déjà été évoquées. Deuxièmement, l'Occident a presque toujours affiché une forme d'éloignement avec l'Ukraine et la Géorgie, malgré le soutien verbal, en déclarant que les dossiers d'adhésion de ces deux pays à l'UE et / ou l'OTAN n'étaient pas d'actualité. En d'autres termes, c'est une manière de ne pas vouloir déclarer de guerre à la Russie. Quant aux guerres opposant la Russie à ces pays, ces derniers n'ont jamais connu de renforts en hommes de l'OTAN. Troisièmement, nous le constatons avec le conflit actuel, si l'OTAN apporte un soutien logistique et que ses Etats membres consacrent des fonds à l'Ukraine, le Président Biden a été très clair en déclarant qu'une intervention armée contre la Russie ne surviendrait que si cette dernière venait à engager des hostilités sur un territoire administré par une juridiction membre de l'OTAN. Autrement dit, il incombe à l'Ukraine de se défendre face à l'offensive russe malgré le soutien financier et logistique au demeurant précieux pour les besoins de la lutte armée.

Le même constat vaut pour l'UE. Lorsque la Présidente de la Commission européenne déclara à Euronews le 28 février que l'Ukraine était désirée dans l'UE, le Président Zelensky saisit aussitôt l'occasion de demander que son pays y adhère sans délai. La réalité est qu'une adhésion de l'Ukraine à l'UE n'est pas inscrite sur l'agenda de Bruxelles. L'UE et l'OTAN pratiquent un soutien très précautionneux avec l'Ukraine et la Géorgie au regard des risques d'escalade des tensions avec la Russie que toute déclaration ou tout acte peut induire. Cela signifie-t-il pour autant que le monde occidental craigne Moscou et redoute de s'engager dans une guerre aux conséquences incertaines ? Il est certain que l'OTAN ne désire pas de conflit armé avec la Russie. Si cette dernière n'hésite pas à intervenir militairement, l'alliance atlantique n'envisage l'intervention armée qu'en dernier ressort.

La Russie et le monde occidental entretiennent des relations tumultueuses qui ont été crescendo en intensité depuis le milieu des années 2000. Trois guerres ont été déclenchées depuis lors : une première en Géorgie puis deux autres en Ukraine. Face à la menace militaire, l'Occident privilégie une autre approche de riposte : les sanctions économiques. En revanche, la guerre qui se déroule aux portes de plusieurs juridictions de l'UE lui rappelle brutalement la nécessité de se préparer davantage à un conflit armé. C'est ainsi que plusieurs gouvernements ont annoncé leur intention d'augmenter rapidement et significativement leur budget national de défense.

Nous avons remarqué qu'il est fait peu mention des Accords de Minsk et de Minsk II conclus en 2014 et en 2015 et qui visaient à établir un cessez-le-feu immédiat. Si le premier n'a jamais été respecté, le second portait sur des réformes constitutionnelles, la libération et l'échange de prisonniers des deux côtés ou encore le retrait des armements lourds. Il est important de préciser que l'Ukraine ne voulait initialement pas de cet accord piloté par l'Allemagne et la France. Toutefois, ne disposant d'aucun accord de paix avec la Russie, elle voulait malgré tout mettre un terme aux hostilités. Il est inutile d'entrer dans des débats juridiques concernant la validité de ces accords multipartites. L'accord portait sur treize points mais plusieurs furent transgressés. En réalité, les combats n'ont jamais cessé dans la région du Donbass. Bien que la Russie ait fermement nié avoir envoyé des troupes et ne pas avoir respecté l'Accord Minsk II, des forces hybrides russes y ont poursuivi des opérations militaires. L'Occident accusait Moscou d'avoir dépêché des combattants opérant en civil. De même, le point 11 se réfère aux régions de Donetsk et de Lougansk qui se trouvent désignées par l'acronyme ORDLO. Ce dernier n'a jamais été explicitement défini tandis qu'il était fait référence à un « statut spécial ». L'accord prévoyait qu'il fasse l'objet d'amendements au sein de la Constitution ukrainienne qui n'ont jamais été opérés. D'autres points de discorde font que l'Accord Minsk II n'a jamais été pleinement respecté. Nous pensons à des élections libres qui devaient être organisées dans le Donbass et qui n'ont pu l'être en raison de la guerre et du fait que l'Ukraine ne contrôle pas sa frontière. De même, Russes et Ukrainiens ne s'accordent pas quant aux conditions d'amnistie négociées pour le compte des combattants de l'ORDLO. La Russie souhaitait que l'amnistie soit accordée avant les élections libres dans le Donbass et avant que l'Ukraine reprenne le contrôle de la frontière. Du côté de Kiev, l'amnistie devait être accordée après ces événements.

En résumé, plusieurs conditions de l'Accord Minsk II n'ont jamais été appliquées tant par la Russie que par l'Ukraine. Nous n'entrerons pas dans le débat de déterminer qui a raison ou tort ; ce n'est pas l'objet de cette réflexion.

En revanche, nous constatons des éléments factuels qui ont assurément alimenté l'amertume, la rancœur ou la colère de Kiev et de Moscou, un état de tension qui n'a jamais cessé de croître tandis que l'un et l'autre se rejetaient la responsabilité de ne pas vouloir s'engager dans un véritable processus de paix en transgressant les conditions convenues au sein de Minsk II. Une fois de plus, tout cela ne légitime pas une opération militaire qui est en réalité une déclaration de guerre. Cependant, nous comprenons davantage qu'il existe de nombreuses raisons de tensions, certaines provenant de Russie, d'autres d'Ukraine ou encore de l'alliance occidentale. Les malentendus et les initiatives mises en place délibérément afin de provoquer l'ire du camp adverse ont contribué à cette escalade des tensions qui a conduit à l'irréparable : la guerre.

Nous nous posons cette sempiternelle question : la guerre était-elle évitable ? Etait-il possible de convaincre la Russie de ne pas intervenir militairement ? Le chef de l'Etat français Emmanuel Macron n'a pas ménagé ses efforts pour tenter de faire triompher la diplomatie. Un mois et demi après le déclenchement des hostilités, plusieurs gouvernements européens critiquent le fait qu'il s'évertue à vouloir privilégier la diplomatie tandis que ses détracteurs lui opposent l'argument qu'on ne négocie pas avec un dictateur… Reconnaissons-lui un grand mérite : il s'est aventuré là où personne d'autre ne s'est risqué. Il a tenté. Il est allé à Moscou pour s'entretenir avec Vladimir Poutine. Il a maintenu un dialogue régulier avec ce dernier pour essayer d'éviter l'issue dramatique que nous connaissons. Au regard de tout ce qui est relayé par les médias, le fossé entre les revendications ukrainiennes et russes semble immense, ce qui tend à imaginer que la guerre risque de se prolonger. Pourtant, la Russie rencontre des difficultés qu'elle n'avait pas anticipées. Début avril, elle délaisse une partie du pays pour se concentrer sur les régions orientales.

Il se murmure par ailleurs que Moscou y préparerait une grande offensive. En quittant la région de Kiev notamment, des images insupportables ont abondamment fait l'actualité médiatique : celles de corps sans vie dans des rues dévastées par les combats, de trop nombreuses victimes civiles qui espéraient sans doute une résolution pacifique de la crise.

GLOSSAIRE DES ABREVIATIONS

AFP : Agence France-Presse

AIE : Agence Internationale de l'Energie

AQMI : Al-Qaïda au Maghreb Islamique

CIA : Central Intelligence Agency

CO_2 : Dioxyde de carbone

CEDEAO : Communauté Economique des Etats de l'Afrique de l'Ouest

DoJ : Department of Justice

ESG : Environnement, Social et Gouvernance

FBI : Federal Bureau of Investigation

GAFA : Google Amazon Facebook Apple

GAFAM : Google Amazon Facebook Apple Microsoft

GES : Gaz à effet de serre

GIEC : Groupe d'Experts Intergouvernemental sur l'Evolution du Climat

GNL : Gaz Naturel Liquéfié

GPL : Gaz de Pétrole Liquéfié

INSEE : Institut National de la Statistique et des Etudes Economiques

KYC : Know Your Client

NFT : Non-Fungible Tokens

NRA : National Rifle Association

OBOR : One Belt, One Road

OMC : Organisation Mondiale du Commerce

OMS : Organisation Mondiale de la Santé

ONU : Organisation des Nations Unies

OPEP : Organisation des Pays Exportateurs de Pétrole

OSC : Organisation de la Coopération de Shanghai

OTAN : Organisation du Traité de l'Atlantique Nord

PDVSA : Petróleos de Venezuela, SA

PME : Petites et Moyennes Entreprises

TAPI : gazoduc Turkménistan - Afghanistan - Pakistan - Inde

TEP : Tonnes Equivalent Pétrole

TNP : Traité de Non-Prolifération
UE : Union Européenne
URSS : Union des Républiques Socialistes Soviétiques
WTI : West Texas Intermediate